인도네시아 형태론
접사의 형태와 의미

인도네시아어 형태론
접사의 형태와 의미

초판 2쇄 인쇄 2021년 10월 15일
초판 2쇄 발행 2021년 10월 30일

지은이 임영호
펴낸이 서덕일
펴낸곳 도서출판 문예림

출판등록 1962.7.12 (제406-1962-1호)
주소 경기도 파주시 회동길 366 3층 (10881)
전화 (02)499-1281~2 **팩스** (02)499-1283
대표전자우편 info@moonyelim.com **통합홈페이지** www.moonyelim.com
카카오톡 ("도서출판 문예림" 검색 후 추가)

디지털노마드의 시대, 문예림은 Remote work(원격근무)를 시행하고 있습니다.
우리는 세계 곳곳에 있는 집필진과 원하는 장소와 시간에 자유롭게 일합니다.
문의 사항은 카카오톡 또는 이메일로 말씀해주시면 답변드리겠습니다.

ISBN 978-89-7482-689-5(13790)

잘못된 책이나 파본은 교환해 드립니다.
본 책은 저작권법에 의해 보호를 받는 저작물이므로 무단 전재와 복제를 금합니다.

머리말

　수마뜨라(Sumatra) 섬의 리아우 주(Provinsi Riau)에서 사용되던 고급 멀라유어를 근간으로 한 인도네시아어는 익히기가 쉬운 언어에 속한다. 가장 큰 이유 중 하나는 알파벳으로 표기되는 단어는 발음기호를 달리 표기하지 않고 철자자체가 발음 기호를 의미하기 때문에 발음하기가 쉬울 뿐 아니라 청취에 있어서도 조금만 숙달되면 정확하게 받아들일 수 있기 때문이다. 또한 음절구조 역시 복잡하지 않을 뿐 아니라 문법 구조에 있어서 성, 수, 격, 시제가 존재하지 않으므로 더더욱 쉽게 느껴지는 언어이다. 따라서 인도네시아어의 뿌리를 이루는 멀라유어는 인도네시아 내에 존재하는 약 450여개의 언어 중 그 어느 지방어보다 쉽고도 자연스럽게 통용될 수 있는 언어였으며 오늘날 다양한 종족과 문화가 존재하는 인도네시아를 하나로 통합시킬 수 중요한 역할을 하고 있다.

　언어는 의사소통의 도구이다. 언어의 의미를 전달하기 위한 수단으로 정형화 된 것이 문법이라면, 인도네시아어 문법에서 단어의 형성방법 및 문장 구조와 의미 결정의 유형을 보여주고 있는 것이 바로 접사이다. 즉, 정확한 인도네시아어의 활용을 위하여 접사에 대한 이해는 필수적인 요소 인 것이다. 따라서 단순한 단어의 나열이 아닌 단어의 형태 구조 및 다양한 접사와의 결합으로 어떤 기능과 의미를 갖고 활용되는가를 정확히 파악하는 것이 인도네시아어 구사능력을 판단하는 중요한 요소 중 하나이다.

본 저서의 특징으로
1. 오랜 기간의 학부 강의를 통해 축적된 다양한 문장자료를 기본으로 작성.
2. 인도네시아어 기본 어휘를 중심으로 접사활용을 통한 어휘 활용도를 극대화 할 수 있도록 목차를 구성.
3. 어휘 활용과 관련된 문장구성 방법을 설명.
4. 각 접사의 특성을 유사 접사와의 차이를 비교 설명.
5. 다양한 연습문제를 통해 순차적인 학습 효과를 올릴 수 있도록 목차를 구성.

　본 저서는 약 10년간 한국외국어대학교 인도네시아어과 학생들을 가르치며 모아온 문법 강의 자료를 지속적인 수정을 거쳐 접사 이해도를 최대한 높일 수 있도록 구성하였으며 본 저서의 공저자나 다름없는 AtmaJaya 대학교에 재직하고 있는 친구 Ibu Fifi Effendi 교수의 다양한 인도네시아 문장자료 제공으로 완성도를 높일 수 있었다.

　끝으로 본 저서를 위한 원고의 철자오류를 일일이 보아주신 인도네시아 국립대학 교수이신 Maman Mahayana교수님께도 감사를 드린다. 특히나 많은 자료를 지속적으로 제공해주신 Ibu Fifi Effendi 교수께 깊은 감사를 드리며, 또한 본 저서를 선뜻 출판해주겠노라 하신 문예림 출판사의 서덕일 사장님께 깊은 고마움을 밝히고자 한다.

2012년 9월 15일
저자 임영호

contents

Pelajaran 1	인도네시아어 단어의 형태 및 구조	5
Pelajaran 2	어근동사 및 형용사	9
Pelajaran 3	접두사 {ber-}	14
Pelajaran 4	접두사 {Me-/Meng-}	19
Pelajaran 5	접두사 -di와 수동태 구문	31
Pelajaran 6	접미사 {-kan}	38
Pelajaran 7	접미사 {-i}	55
Pelajaran 8	{Me-kan} & {Me-i}의 비교	64
Pelajaran 9	접사 {memper-}	73
Pelajaran 10	접사 {memper-kan} & {memper-i}	79
Pelajaran 11	접두사 {ter-}	94
Pelajaran 12	접사 {ke-an}	105
Pelajaran 13	접사 {ber-/-an}	115
Pelajaran 14	접두사 {Per- & Pe-}	120
Pelajaran 15	접사 {Per-/-an}	130
Pelajaran 16	접사 {Pe-/-an}	138
Pelajaran 17	접사 {Per-an} 및 {Pe-an} 비교	145
Pelajaran 18	접미사 {-an}	152
Pelajaran 19	반복어 {Reduplikasi; Kata Ulang}	160
Pelajaran 20	접사 {-nya}	168
Pelajaran 21	접사 {Se-}	177
Pelajaran 22	관형어적인 성격의 접사들	183
Pelajaran 23	해 답	186

Pelajaran 1
인도네시아어 단어의 형태 및 구조

　인도네시아어에서 단어를 형성하는 방법에는 크게 두 가지가 있는데 어근형태로 사용되는 단어와 어근에 접사를 결합하여 형성된 파생어 형태로 사용되는 단어들이 있다. 어근 자체로 사용되는 단어들과 접사를 사용한 파생어 형태의 단어들이 있다. 기본 어근 자체로 사용되는 단어들은 명사, 동사, 형용사, 대명사, 부사, 수사, 전치사, 접속사 등으로 나타나며 이들은 접사를 사용하면서도 자신의 품사를 유지하거나 새로운 파생어로 변화되어 사용되는데 접사를 사용할 시 문장에서 독특한 기능과 의미를 갖는다.

　접사로는 아래에 설명된 것처럼 다양한 접사가 있으며 이들은 여러 형태의 새로운 파생어를 형성하며 다양한 의미를 내포하고 있다. 따라서 인도네시아어의 접사는 문법적 기능과 의미적 역할에 있어 가장 중요한 부분을 차지하는 부분이다.

I Afiks(접사)

　파생어를 형성하는 인도네시아어의 접사는 접두사(prefiks/awalan), 접요사(Infiks/Sisipan), 접미사(sufiks/akhiran), 분리접사(konfiks/sisipan) 3가지 유형으로 나타난다.

1. 접두사(Prefiks/Awalan)

1) ber-	:	berjalan, bermain, berkata
2) meng-	:	mengambil, membaca, membayar
3) di-	:	ditarik, dilihat, disewa
4) ter-	:	tertahan, terbawa, tertinggi
5) ke-	:	ketua, kekasih, kehendak
6) peng-	:	penyakit, penghapus, pembaca
7) per-	:	perbesar, perlebar, pertapa
8) se-	:	selembar, seorang, sebuah

2. 접요사(Infiks/Sisipan)

1) -el	:	telunjuk, telapak, pelantuk
2) -em	:	gemetar, jemari, kemuning
3) -er	:	gerige, seruling, serabut
4) -in	:	kinerja, sinabung

3. 접미사(Sufiks/Akhiran)

1) -kan	:	berikan, dirikan, hapuskan
2) -i	:	amati, tulisi, temui
3) -an	:	makanan, minuman, pakaian
4) -nya	:	kerasnya, tingginya, larinya
5) -wan	:	budayawan, wartawan, sastrawan
6) -man	:	budiman, seniman
7) -wati	:	karyawati, seniwati
8) -nda	:	ibunda, anada, kakanda
9) -or	:	koruptor, proklamator, deklarator
10) -wi	:	manusiawi, kimiawi, duniawi
11) -i	:	manusiawi, kimiawi, dinuiawi
12) -iah	:	ilmiah, alamiah, insaniah
13) -i, -a 등		

4. 분리접사(konfiks/afiks gabungan)

1) per--an	:	persatuan, perdagangan, perjalanan
2) peng--an	:	pembacaan, penerbitan, pendengaran
3) ke--an	:	kemasusiaan, kecurigaan, kehadiran
4) se--nya	:	seharusnya, sejujurnya, sebaik-baiknya
5) ber--an	:	berhamburan, berkaitan, beterbangan
6) ber-kan	:	berdasarkan; bermimpikan; bersenjatan
7) memper-kan	:	memperlakukan, mempermasalahkan
8) memper-i	:	memperbarui; memperbaiki
9) ter--kan	:	terselesaikan, terabaikan, terlemparkan
10) ter--i	:	terpenuhi, teratasi, tersaingi

II 접사를 사용한 파생품사의 분류

◎ 명사화 접사

ke-	-nya
ke-an	-ter
pe-	-el
pe-an	-em
per-an	-er
-an	-man, -wan

◎ 외래어에서 온 명사 접미사(-in, at, -ah, -ika, -ir, -isme 등)

◎ 동사화 접사

ber-	(mem) per-kan
ber-an	(mem) per-i
ber-kan	di- ter-
-kan	ke-an
-i	ke-
(mem) per-	

◎ 형용사화 접사

pe + 형용사	ter- + 형용사
se- + 형용사	ke- + 형용사 + -an
형용사 + -an	me- + 심리형용사 + -kan

◎ 부사화 접사

-nya	se-nya

III 인도네시아 문장 형식

인도네시아의 기본 문장형식은 다음과 같다.

1) 주어 + 서술어 +/- 부사어

Dia	tidur.	
Dia	tidur	di sofa.
Dia	marah	kepada adiknya.

2) 주어 + 서술어 + 보어 +/- 부사어

Dia	belajar	bahasa Indonesia	
Dia	bertanam	tomat	di rumah kaca.
Dia	kecopetan	dompet	di bus.

3) 주어 + 서술어 + 목적어 +/- 부사어

Dia	membaca	buku	dengan cepat.
Dia	menidurkan	bayi	di sofa.

4) 주어 + 서술어 + 목적어 +/- 보어 +/- 부사어

Dia	membuatkan	tamu	kopi	dengan senang hati.
Dia	memberi	saya	oleh-oleh	dari Indonesia.
Dia	membuat	saya	tertawa.	

Pelajaran 2
어근동사 및 형용사

I 어근동사

어근동사란 서술어 부분에 사용되는 접사를 사용한 형태의 변화 없이 자동사로 사용되는 동사이다. 이러한 어근 동사는 제한되어 있으나 다양한 접사와 결합되어 파생명사, 파생동사를 만든다.

+/-부사어	+ 주어(명사, 대명사)	+서술어 (어근동사)	+/- 부사어 (시간, 장소를 나타내는 전치사구)

-
- Kemarin
  어제
-
-
- Tadi pagi
  아까 아침에
	Yura
	(Mira는
	Wayan
	Wayan은
	Ibu Rahayu
	Rahayu 부인이
	Pak Kausar
	Mr. Kausar씨가
	Ibu Mira
	Mira부인이
		tiba
		도착하다
		terbang
		비행기를 타고 갔다
		turun
		내린다
		tidur
		자고 있다
		jatuh
		떨어졌다
			di Jakarta kemarin.
			Jakarta에 어제
			ke Bali.
			Bali로
			dari mobil.
			차에서
			di kamar.
			방에서
			dari tangga.
			층계에서

- Bus umum sedang mundur. (대중 버스가 후진하고 있다.)
- Adik saya lahir di Pusan. (내 동생은 부산에서 태어났다.)
- Karti sudah naik ke kereta api. (Karti는 이미 기차로 올라갔다.)
- Besok Saudara Yanti pindah ke Yogya. (Yanti 양이 내일 Yogya로 이사할 것이다.)
- Ayah saya sudah sembuh dari sakit pinggang. (나의 아버지께서는 요통에서 치유됐다.)
- Bunga Mawar tumbuh di halaman. (장미가 마당에서 자란다.)
- Matahari terbit dari timur. (해는 동쪽에서 뜬다.)
- Mobil saya sudah sampai di kantor. (내 자동차가 이미 사무실에 도착했다.)

*어근동사의 예

ada	이다, 있다, 소유하다	luput	(눈, 마음에서) 사라지다	selesai	끝나다
absen	결석하다	makan	먹다	semaput	졸도/기절하다
abstain	삼가/절재하다	maju	전진하다	singgah	잠시 들르다
bangun	기상하다	mangkir	결근/결석하다	siuman	정신이 들다
benci	증오하다	masuk	들어가다	suruh	명령하다
datang	오다	mati	죽다	tahu	알다
diam	가만히/조용히 있다	minta	요구하다	tamat	졸업하다/마치다
gagal	실패하다	minum	마시다	tampak	보이다/나타나다
gugur	유산하다, (전쟁서)죽다	mogok	(차 등이) 멈추다	tampil	출현하다/나타나다
habis	다 없어지다	mohon	부탁하다	tanggal	(잎, 이빨 등) 벗겨지다, 빠지다
hapus	없어지다, 사라지다	mulai	시작하다	tenggelam	가라앉다
hidup	살다	muncul	나타나다	terbang	날다/비행기를 타고가다
hilang	사라지다/없어지다	mundur	후진/후퇴하다	terbit	(해가) 뜨다
hinggap	(새등이)걸터 앉다	musnah	없어지다, 소진되다	terjun	낙하하다
ikut	따르다	naik	오르다	tewas	(사고로) 죽다
ingin	(간절히)원하다	percaya	믿다	tidur	자다
jadi	되다	padam	(불이) 꺼지다	tiba	도착하다
jatuh	쓰러지다,넘어지다	patah	부러지다	timbul	떠오르다
kambuh	(병이)재발하다	pergi	가다	tinggal	살다
kasih	(구어체) 주다	pindah	이사하다/이동하다	tumbang	쓰러지다
kawin	결혼하다	pingsan	현기증나다/어지럽다	tumbuh	자라나다/성장하다
keluar	나가다	pulang	귀가/돌아가다	tunduk	(고개) 숙이다
kembali	(재위치로)돌아오다	pulih	회복되다	turun	내려가다
kenal	(사람을) 알다	punya	소유하다	turut	(동반) 따르다
lahir	태어나다	putus	끊어지다	usai	끝나다
lari	뛰다	rebah	자빠지다, 드러눕다	urung	취소되다
lenyap	사라지다, 없어지다	roboh(rubuh)	무너지다	wafat	서거하다
lewat	지나가다	rugi	손해나다	sembuh	(건강)회복/치유되다
lulus	합격, 통과하다	runtuh	붕괴되다	duduk	앉다
lunas	완불되다	sampai	도착하다	bangkit	(자리, 잠에서) 일어나다
lepas	빠져나가다, 풀리다	masak	요리하다	berangkat	떠나다
lupa	잊다	mandi	목욕하다		

아래의 동사들은 어근 동사로 사용하되 전치사를 동반하여 사용된다;

cinta pada/kepada	-를 사랑하다(애정)
sayang pada/kepada	-를 사랑하다(연민, 정)
benci pada	-를 증오하다
marah pada	-에게 화내다
suka pada	-를 좋아하다
kawin dengan	-와 결혼하다
setuju dengan	-에 동의하다
lewat di	-를 지나다
ikut di	-를 따르다
jauh dari	-에서 멀다
dekat dengan/dari	-와/-에서 가깝다

II 형용사

서술적 의미와 한정적 의미가 있으며 문장 내에서 어근 동사와 마찬가지로 서술어 부분으로 형태변화 없이 사용되며 다양한 접사와 결합되어 동사, 명사로 사용되기도 한다. 따라서 기본적인 형용사를 숙지할 필요가 있다.

주어(명사, 대명사)   //   서술어(형용사)

Orang Korea itu	rajin. (한국인은 부지런하다.)
Kopi ini	panas. (이 커피는 뜨겁다.)
Sepatu saya	bersih. (나의 신발이 깨끗하다.)
Kursi saya	enak. (내 의자는 편하다.)
Pakaian dia	bagus. (그의 옷은 훌륭하다.)
Kue ini	manis. (이 과자는 달다.)
Dia	kuat. (그는 힘이 세다.)
Anjing itu	galak. (그 개는 사납다.)
Soal itu	mudah/gampang. (그 문제는 쉽다.)
Kamar saya	gelap. (그 방은 어둡다.)

형용사 1 : 사용빈도가 많은 중요 형용사 (>< 표시는 반대 뜻임)

- rok mini/pendek	(짧은 치마)	>< rok panjang	(긴 --)
- rumah modern	(현대식 집)	>< rumah kuno	(오래된)
- uang besar	(큰 가치의 돈)	>< uang kecil	(작은)
- teman baik	(좋은 친구)	>< teman jelek	(나쁜, 저질의)
- buku tebal	(두꺼운 책)	>< buku tipis	(얇은)
- mobil tua	(오래된, 낡은 차)	>< mobil baru	(새것의)
- kamar gelap	(어두운 방)	>< kamar terang	(밝은)
- celana bersih	(깨끗한)	>< celana kotor	(더러운)
- kain halus	(부드러운 천)	>< kain kasar	(거칠은)
- gelas kosong	(빈 잔)	>< gelas penuh	(꽉 찬)
- orang sakit	(아픈 사람)	>< orang sehat	(건강한)
- orang kaya	(부유한 사람)	>< orang miskin	(가난한)
- orang baik/bagus	(좋은 사람)	>< orang jelek/buruk	(나쁜)
- arloji mahal	(비싼 손목시계)	>< arloji murah	(싼)
- barang berat	(무거운 물건)	>< barang ringan	(가벼운)
- anak pandai/pintar	(영리한 아이)	>< anak bodoh/tolol	(바보의)
- gedung tinggi	(고층 건물)	>< gedung rendah	(낮은)
- teh manis	(단 차)	>< teh pahit	(쓴)
- cuaca dingin	(찬 날씨)	>< cuaca panas	(더운)
- udara hangat	(따뜻한 공기)	>< udara sejuk	(선선한 공기)
- orang jujur	(정직한 사람)	>< orang curang	(부정한)
- orang kurus	(마른 사람)	>< orang gemuk	(살찐)
- baju kering	(마른 옷)	>< baju basah	(젖은)
- kelapa tua	(늙은, 오래된 야자)	>< kelapa muda	(젊은)
- buah matang	(익은 과일)	>< buah mentah	(날것의)

색 깔

- hitam	(검정)	- putih	(흰)	- merah	(빨간)
- uning	(노랑)	- hijau	(초록)	- biru	(파랑)
- coklat	(고동)	- ungu	(보라)	- abu-abu	(회색)
- merah jambu	(분홍)				

* 형용사 tua (진한), muda (연한)을 사용하여 색의 농도를 표시하기도 한다.
- kuning tua (진한 노랑)   - kuning muda (연 노랑)

형용사 2) ( )(표시는 반대의 뜻임)

- orang kuat	(힘센 사람)	><	orang lemah	(약한)	
- kehidupan bahagia	(행복한 삶)	><	kehidupan sengsara	(불행한/불운한)	
- barang asli	(원 상품)	><	barang palsu/tiruan	(가짜의, 모조의)	
- jalan lebar	(넓은 길)	><	jalan sempit	(좁은)	
- mobil lama	(오래된 차)	><	mobil baru	(새차)	
- senang/gembira	(즐거운)	><	sedih	(슬픈)	
- benar, betul	(올바른)	><	salah	(틀린)	
- kurang baik	(덜 좋은)	><	cukup baik	(충분한)	
- puas	(만족한)	><	kecewa	(실망한)	
- dekat	(가까운)	><	jauh	(먼)	
- susah/sulit/sukar	(어려운)	><	mudah/gampang	(쉬운)	
- kalah	(지다)	><	menang	(이기다)	
- kenyang	(배부른)	><	lapar	(배고픈)	
- maju	(전진한)	><	mundur	(퇴보한)	
- cepat	(빠른)	><	lambat, pelan-pelan	(천천히)	
- mutlak	(절대적인)		- makanan pedas	(매운 음식)	
- sop asin	(짠 국)		- teman akrab	(친한 친구)	
- kue manis	(단 과자/빵)		- anak manis	(귀여운 아이)	
- enak	(편안한, 맛있는, 상쾌한)		- putusan adil	(공정한 결정)	
- aman	(안전한)		- asing	(낯 설은, 외국의)	
- bagus	(훌륭한)		- beku	(얼다)	
- biasa	(보통의)		- boros	(사치의, 낭비적인)	
- bosan	(지친, 실증난)		- busuk	(썩은)	
- cemburu	(질투하는)		- gatal	(가려운)	
- haus	(목마른)		- hebat	(대단한)	
- hancur	(박살난)		- pecah	(깨지다)	
- indah	(아름다운)		- cantik	(예쁜)	
- jelas	(분명한)		- air jernih	(맑은 물)	
- kacau	(혼란한)		- murni	(순수한)	
- anak nakal	(개구장이 아이)		- orang kikir/pelit	(구두쇠)	
- orang licik	(교활한 사람)		- licin	(미끄러운)	
- orang lucu	(웃기는 사람)		- surat lengkap	(완전한 서류)	
- payah	(지친, 어려운)		- jam rusak	(고장난 시계)	
- pucat	(창백한)		- uang pas	(맞는/거스름돈이 없는)	
- pusing	(어지러운/골치 아픈)		- tepat	(정확한)	
- pakaian rapi	(정돈된/깔끔한 옷)		- rapi	(깔끔한, 단정한)	
- rata	(평평한/균일한)		- jorok	(꾀죄죄한, 더러운)	

Pelajaran 3
접두사 {ber-}

1. 기능	동사, 명사, 형용사, 수사와 결합하여 자동사를 만든다
2. 형태	ber-, be-, bel-의 형태로 나타난다.
3. 의미	어근이 의미하는 바의 행위, 소유, 상태, 직업, 등 다양한 의미를 갖는다.

I 기능

문장에서 주로 서술어의 기능을 하며 동사의 종류에 따라 보어를 취하기도 한다.

주어 +	서술어 ±	보어 ±	부사어
Dia	bermain	Ø	di kolam
Dia	bermain	gitar/sepak bola	
Mereka	sedang belajar	Ø	di kamar
Saya	sedang belajar	bahasa Indonesia	
Angin	bertiup		dengan kencang

II 형태

접두사 ber-는 ber-, be-, bel- 3가지 유형으로 나타난다

1) 어근 앞에 ber-를 붙여 사용한다.

ber + jalan	⇒	berjalan	(걷다)
ber + sepeda	⇒	bersepeda	(자전거를 타다 / 소유하다)
ber + bicara	⇒	berbicara	(이야기하다)
ber + dua	⇒	berdua	(둘로 이루어진, 둘의)

2) 어근의 첫 철자가 {r}로 시작 할 때, 혹은 첫 음절에 {-er-}이 포함되어 있을 경우, 음의 중복을 피하기 위하여 {be-}만 붙여 사용한다.

ber + rupa	⇒	berupa (- 의 모습을 갖다)
ber + renang	⇒	berenang (수영을 하다)
ber + runding	⇒	berunding (논의하다, 토론하다)
ber + roda	⇒	beroda (바퀴를 사지다)
ber + ker-ja	⇒	bekerja (일하다)
ber + ser-ta	⇒	beserta (- 와 함께, 함께하다)
ber + ter-nak	⇒	beternak (가축을 기르다, 사육하다)

3) 예외적인 경우로 {Bel-}의 형태로 나타난다.

ber- + ajar ⇒ belajar (배우다, 공부하다)

Ⅲ. 의 미

1. 접두사 {ber-}가 동사와 결합될 때 아래와 같은 의미를 가진다.

1) 어근이 의미하는 바의 '상태, 진행 상태';

berada	⇒	dalam keadaan ada (존재하다, 있다)
berkembang	⇒	dalam keadaan (meng) kembang (발전하다, 피어나다: 'kembang'의 의미는 '피어나는 꽃/꽃 봉오리'로 은유의미를 연상할 필요가 있다).

2) 어근이 의미하는 바로/바가 '되다';

berubah	⇒	menjadi ubah (변화하다, 변화되다).

3) 어근이 의미하는 바의 '행동/동작을 하다';

bekerja	⇒	melakukan kegiatan kerja (일하다)
berlari	⇒	melakukan kegiatan lari (뛰다, 달리다)

2. 접두사 {ber-}가 명사와 결합될 때, 다음과 같은 의미를 가진다.

1) 어근이 의미하는 대상의 '사용' 혹은 '이용하다';

bersepatu	⇒	memakai atau mengenakan sepatu (신발을 신다)
berdasi	⇒	memakai atau mengenakan dasi (넥타이를 매다)

2) 어근이 의미하는 대상의 '소유';

bersuami	⇒	mempunyai suami (남편이 있다, 결혼한)
berkumis	⇒	mempunyai kumis (수염이 있다, 수염을 갖다)

3) 어근이 의미하는 바가 '나오다, 내다, 소유하다';

berdarah	⇒	mengeluarkan darah (피가 나다)
bersuara	⇒	mengeluarkan suara (목소리를 내다)

4) 어근이 의미하는 바에 대한 '일을 하다(직업)';

bersawah	⇒	mengerjakan atau menggarap sawah (논일을 하다, 논농사를 짓다)
berladang	⇒	mengerjakan atau menggarap ladang (밭일을 하다, 밭농사를 짓다)

5) (교통물을) '운전하다, 사용하다';

berkuda	⇒	mengendarai/mempergunakan kuda (말을 몰다, 말을 타다)
bersepeda	⇒	mengendarai/mempergunakan sepeda (자전거를 타다)

6) (운동, 취미 등) 어근의 의미를 행하다, 이때는 이 동작을 '업으로 하다' 혹은 '습관적인 일'의 의미가 내포됨.

bertinju	⇒	bermain tinju (복싱을 하다)
bercatur	⇒	bermain catur (체스를 하다)
bersepak bola	⇒	bermain sepak bola (축구를 하다)

3. 접두사 {ber-}가 형용사와 결합될 때는 다음과 같은 의미를 가진다.

dalam keadaan	(마음이 -한 상태에 있다)
berduka	슬픔에 잠기다, 애도하다, 비탄에 잠기다
bersedih	슬퍼하다, 애처로워하다
bergembira	즐거워하다

4. 접두사 {ber-}가 수사와 결합될 때, 다음과 같은 의미를 가진다.

'집합, 무리'의 의미
berdua (둘로 된), berempat (넷으로 이루어 진)

※ 접두사 {ber-}의 의미는 문맥에 따라 의미가 하나 이상으로 사용됨을 알 수 있다.

> Dia bersepatu tiga (그는 3개의 신발을 가지고 있다).
> Dia suka bersepatu hitam (그는 검은 신발을 신기를 좋아한다).
> Dia berdarah tinggi (그는 혈압이 높다/높은 혈압을 갖고 있다).
> Dia berdarah karena kena kaca (그는 유리에 베여 피가 난다).

※ 일부 전치사는 관형적으로 전치사를 동반하는 것들이 있다.

-berbicara tentang	-에 대해 이야기하다
-bercerita tentang	-에 대해 이야기하다
-bertanya tentang	-에 대해 묻다
-berpikir tentang	-에 대해 생각하다
-berkunjung ke	-로 방문하다
-bersmaa dengan	-와 함께하다
-bertemu dengan	-와 만나다
-berkeliling di	-에서 배회하다
-berdiskusi tentang/mengenai	-대해 논하다

연습문제 1

아래 문장들에서 사용된 접사의 의미를 살펴 한국어로 번역하시오!

1. Penjahat itu bersembunyi di kampung.
2. Dia suka berolah raga.
3. Saya berdiskusi dengan Yanti.
4. Ayah saya beternak sapi.
5. Mereka berlebaran ke rumah kerabat-kerabat mereka.
6. Saya bersemangat untuk pergi ke Indonesia.
7. Musim berganti pada bulan depan.
8. Wajahnya berkeringat.
9. Kami pergi berdua.

10. Mereka bertiga pergi ke bioskop.
11. Ia harus berseragam sekolah jika ke sekolah.
12. Untuk membantu teman-teman miskin, organisasi siswa intrasekolah (OSIS) berdagang minuman ringan di kantin sekolah.
13. Ayam bertelur sebutir sehari.
14. Setiap pagi ayah bercukur sebelum ke kantor.
15. Kakak-beradik itu jarang berselisih pendapat.
16. Untuk membiayai sekolah anaknya, ibu berkedai sayuran di pasar.
17. Sejak dulu ia selalu berabang padaku.
18. Ia mau berhamba pada kekayaan duniawi.
19. Kami turut berdukacita sehubungan dengan meninggalnya ayahmu.
20. Saya berkacamata untuk hanya membaca buku saja.

연습문제 2

아래 문장의 괄호부분에 적합한 단어형태(어근 혹은 ber- 형)를 넣고 문장을 해석하시오!

1. Anjing itu (lari) mengejar kucing.
2. Bajunya (basah) kena hujan.
3. Mobil itu (henti) di tengah jalan.
4. Kemarin dia (kembali) dari Indonesia.
5. Tuti tidak (kata) sepatah kata pun sejak kemarin.
6. Anak saya (lahir) di Jakarta.
7. Penduduk desa itu hidup dari (tani) dan (ternak).
8. Bulan depan kakak saya akan (pindah) ke Seoul.
9. Seminggu sekali dia (renang) di kolam renang sekolah.
10. Anak itu sangat (kuat).
11. Jangan (sedih), malam ini kita harus (gembira).
12. Bunga mawar (tumbuh) baik pada musim semi.
13. Rakyat Indonesia (satu) mengusir penjajah.
14. Kami hanya (dua) saja pergi ke sana.
15. Kabel komputer (lepas) dari stop kontak.
16. Ia (hasil) dengan baik.
17. Cepat, bel tanda masuk sudah (bunyi).
18. Kaki meja saya (patah) karena (jatuh).
19. Ia (untung) dapat (temu) dengan teman lama di seminar itu.
20. Anak-anak biasanya mau (ikut) (main) bola dengan teman-temannya.

Pelajaran 4

접두사 {Me-/Meng-}

1. 기능	동사, 명사, 형용사, 수사와 결합하여 주로 타동사를 만들며 일부는 자동사형으로 나타기도 한다.
2. 형태	me-, mem-, men-, meny-, meng-, menge-의 형태로 나타난다.
3. 의미	어근이 의미하는 바의 행위, 직업, 변화 등 다양한 의미를 갖는다.

I 기 능

　접두사 Me-의 비음화현상은 MeN- 혹은 Meng-으로 표기되는데 이는 문장구조에서 서술어의 기능을 하며 주로 목적어를 필수로 동반하는 타동사를 이루나 일부 자동사로의 사용도 나타난다.

주어	+	서술어	+	목적어	±	부사어
Anak itu		menangis		Ø		di kantin.
Mereka		mengobrol		Ø		
Kakak		membeli		mobil baru		
Nina		membaca		koran		
Toro		menulis		surat		

II 형태

비음화 현상은 {m, n, ng, ny} 음과 같은 콧소리(비음)가 날 때 일어나는 구강에서의 혀의 위치 혹은 성대를 통해 나는 음과 같은 위치의 철과 들과 결합되어 일어난다.

첫 철자	어근	접사 형태	형성된 단어
l	lihat	me-	melihat
m	masak		memasak
n	nilai		menilai
ng	nganga		menganga
ny	nyanyi		menyanyi
r	rusak		merusak
w	wabah		mewabah
y	yakin		meyakin
b	beli	mem-	membeli
f	fotokopi		memfotokopi
p(생략)	pilih		memilih
v	veto		memveto
d	dengar	men-	mendengar
c	cari		mencari
j	jual		menjual
t(생략)	tukar		menukar
z	ziarah		menziarahi
모음 a/i/u/e/o 시작되는 단어	ambil	meng-	mengambil
	isi		mengisi
	eong		mengeong
g	ganti		mengganti
h	hitung		menghitung
k(생략)	kunci		mengunci
s(생략)	sapu	meny-	menyapu
단음절로 이루어진 단어	tik	menge-	mengetik
	cat		mengecat
	pel		mengepel
	lap		mengelap
	bom		mengebom

※ 단어의 첫 철자가 'k, t, p, s'로 시작하는 단어는 철자의 동화작용에 의해 첫 철자는 생략된다.

kunci	⇒	meng + kunci	⇒	mengunci (잠그다)
tulis	⇒	men + tulis	⇒	menulis (쓰다)
pilih	⇒	mem + pilih	⇒	memilih (선택하다)
sapu	⇒	meny + sapu	⇒	menyapu (비질하다)

※ 단음절로 이루어진 단어는 접두사 {menge-}가 사용되며 'k, t, p, s'와 같은 철자의 생략현상은 일어나지 않는다.

tik	⇒	menge + tik	⇒	mengetik (타이핑하다)
pel	⇒	menge + pel	⇒	mengepel (걸레질하다)
cat	⇒	menge + cat	⇒	mengecat (칠하다)

※ 외래어에서 차용된 어휘중 이중자음으로 나타나는 단어는 첫 철자의 생략없이 첫 철자에 따른 접사와 결합된다.

meng	+	dramatisasi	⇒	mendramatisasi
meng	+	gratiskan	⇒	menggratiskan
meng	+	klaim	⇒	mengklaim
meng	+	kritik	⇒	mengkritik
meng	+	praktikkan	⇒	mempraktikkan
meng	+	transfer	⇒	mentransfer

Ⅲ 의 미

1. 동사인 어근과 결합될 때, 어근의 의미와 직결된 행위가 주를 이루는데 세부적인 의미를 보면 다음과 같다.

1) '어근 의미에 대한 동작/행위'(주로 어근 자체가 동사일 경우);

meng	+	ambil	⇒	mengambil	(가져가다, 집어가다)
men	+	jual	⇒	menjual	(팔다)
mem	+	beli	⇒	membeli	(사다)

2) '어근의 의미처럼 되다' 혹은 '어근의 의미와 같은 상태가 되다';

| me + larut ⇒ melarut (용해되다, 녹다) |
| men + turun ⇒ menurun (하락하다, 아래로 내려가다) |
| me + luap ⇒ meluap (넘쳐 흐르다, 범람하다) |

2. 명사와 결합하여 다음과 같은 의미를 가진다.

1) '-로 가다, -를 향하다(menuju ke)';

| me + darat ⇒ mendarat (육지로 가다, 착륙하다) |
| me + laut ⇒ melaut (바다로 가다, 항해하다) |

2) 직업적으로 '-를 찾다(mencari)' 혹은 '-를 모으다(mengumpulkan)';

| me + rumput ⇒ merumput (풀 베러 다니다, 풀을 베어 모으다) |
| me + rotan ⇒ merotan (등나무를 찾아다니다) |

3) '어근에서 언급한 바처럼 되다';

| mem + gunung ⇒ menggunung (산처럼 되다, 산더미처럼 쌓이다) |
| mem + batu ⇒ membatu (돌이 되다, 돌처럼 단단해지다) |
| meny + semut ⇒ menyemut (개미처럼 바글 거리다/아주 많은) |
| mem + bukit ⇒ membukit (동산을 이루다, 동산과 같은 모양을 하다) |
| men + janda ⇒ menjanda (과부가 되다; 과부 상태의) |
| men + duda ⇒ menduda (홀아비가 되다; 홀아비 상태의) |

4) '어근의 의미와 관련된 행동을 하다/만들다/사용하다';

| menge + cap ⇒ mengecap (도장을 찍다) |
| menge + cat ⇒ mengecat (칠을 하다) |
| meng + tik ⇒ mengetik (타이핑을 치다) |
| meny + sabit ⇒ menyabit (낫질을 하다) |
| meng + kopi ⇒ mengopi (커피를 마시다) |
| me + rokok ⇒ merokok (담배를 피우다) |
| meny + setir ⇒ menyetir (자동차를 운전하다) |
| meny + sate ⇒ menyate (사떼를 만들다) |
| meng + gulai ⇒ menggulai (카레를 만들다) |

5) '어근의 의미처럼 행동하다';

> mem + babi buta ⇒ membabi buta (눈먼 돼지처럼 행동하다, 미친듯이 날뛰다)
> me + rajalela ⇒ merajalela (멋대로 하다, 증가하다, 병이 퍼지다)

6) 의성어와 결합하여 '소리를 내다'

> meng + eong ⇒ mengeong ("에옹" 소리를 내다, 고양이가 울다)
> meng + gonggong ⇒ menggonggong ("멍멍" 소리를 내다, 개가 짓다)
> meng + aum ⇒ mengaum ("어흥"소리를 내다, 사자, 호랑이 등)
> men + cicit ⇒ mencicit ('찌찟'소리를 내다, 쥐가 울다)

3. 형용사와 결합하여 다음과 같은 의미를 가진다.

1) '어근처럼 되다'(변화과정: menjadi -) 혹은 '-한 느낌을 주다';

> meng + kuning ⇒ menguning (노랗게 되다)
> mem + putih ⇒ memutih (하얗게 되다, 탈색되다)
> mem + busuk ⇒ membusuk (썩다, 썩어가다)
> mem + bisu ⇒ membisu (벙어리가 되다, 잠자코 있다)
> mem + panjang ⇒ memanjang (길어지다, 늘어나다, 길게 뻗다, 펼쳐지다)

4. 수사와 결합되어 '-이 되다'의 의미를 가진다(berubah menjadi: 과정)

> meny + satu ⇒ menyatu (하나가 되다, 단일화되다, 규합되다)
> men + dua ⇒ menjadi dua (둘로 되다, 둘로 나눠다)

Ⅳ 참고사항

※ ber- & me-의 비교

접두사 ber-로 이루어진 자동사는 주어 자신의 행위 혹은 상태를 나타내는 반면에 me-로 이루어진 타동사는 목적어에 대한 행위를 나타낸다. 따라서 인도네시아어의 동사형태는 주어 혹은 목적어와의 관계를 파악하여 적합한 접두사를 사용하여야한다.

주어	서술어	보어	목적어	부사어
Botol itu	berisi	madu		
Botol itu	tidak berisi		botol itu	dengan madu
Ibu	mengisi			
				tiap pagi
Ayah	bercukur			
Ayah	mencukur		rambut anaknya	
Dia	sudah berubah			
Kita	harus mengubah		rencana kita	
Gedung itu	berbentuk	piramida		
Guru	membentuk		piramida	dengan kayu

위의 문장에서 보는 바처럼;

1) 어근동사 혹은 ber-, me- 형의 자동사는 주어(사람, 사물) 자신의 동작행위 혹은 상태 등을 표현을 나타낸다.

주어 +	서술어	
Saya	pergi	(나는 가다)
Saya	tidur	(나는 자다)
Dia	bercukur	(그는 면도하다)
Dia	berubah	(그가/는 변하다)
Tanah itu	membatu	(땅이 돌이 되다/굳다)
Rambutnya	memutih	(머리카락이 희어지다)
Dia	merokok	(그는 담배를 피운다)

2) 타동사 me-는 목적어에 대한 동작/행위를 나타낸다.

서술어 +	목적어	
menyewa	mobil	(차를 세내다)
menjumlah	buku-buku	(책을 합산하다, 책에 대한 총계를 내다)
menjual	rokok	(담배를 팔다)
menggunting	kertas	(종이를 가위질하다, 가위질해 자르다)
menyabit	rumput	(풀을 낫질하다/낫으로 베다)

※ 일부 어근은 ber-와 me-를 사용하여 동사의 형태에 관계없이 서로 다른 의미를 내포하는 경우도 있다.

Rudi dan Toro	bertukar baju	(상호의 의미: 서로 바꾸다)
Rudi	menukar baju yang dibelinya.	(일반의미: 옷을 바꾸다)
Ayah Cecep	bertanam padi	(일상적인 행위, 직업: 벼농사를 짓다)
Ayah Cecep	menaman padi tadi pagi	(단순행위: 벼를 심다)

※ 일반적으로 구어체에서는 접두사를 사용하지 않는 경향이 있다.

표준 문법에서 접두사 ber- 혹은 me-은 문어체로 표현할 때 의무적으로 사용되어야 하나 구어체에서 사용될 시 접두사를 생략하더라도 의미의 변화를 주지 않는 경우에는 생략되어 사용되며, 자카르타 방언이나 자바어의 경우 구어체로 사용될 때 접두사 me-은 생략되지만 비음현상은 그대로 남아 사용하는 경우가 자주 나타난다.

문체어 / 표준어		구어체 / 비표준어
1a. Bekerjalah dengan rajin!	vs	Kerja(-lah) dengan rajin!
2a. Murid itu bekerja dengan rajin!	vs	Murid itu kerja dengan rajin!
b. Kamu berasal dari mana?	vs	Kamu asal dari mana?
3a. Mereka sudah membaca buku ini.	vs	Mereka sudah baca buku ini.
b. Kamu membeli apa di sana?	vs	kamu beli apa di sana?
c. Saya belum mendengar berita itu?	vs	Saya belum dengar berita itu?
4a. Boleh memutar di depan?	vs	Boleh mutar di depan?
b. Anak tidak boleh menonton ini.	vs	Anak tidak boleh nonton ini.

위의 예문들에서 보는 바와 같이 접두사(ber- 혹 me-)가 생략되더라도 동사어근의 의미가 그대로 유지될 때, 구어체에서 접두사는 자주 생략되어 사용된다. 반면에 접사의 의미에 의해 새로 형성되는 의미가 내포될 때는 생략을 할 수 없다.

Para pelayan melaut pada malam hari (모든 어부는 밤에 바다로 간다/출항하다).
?Para pelayan laut pada malam hari (모든 어부는 밤에 바다이다).

Tanah sawah membatu pada musim kemarau
(논땅이 건기에 굳어 돌같이 단단해진다).
?Tanah sawah batu pada musim kemarau (논이 건기에 돌이다).

Warna bunga itu memerah pada siang (꽃 색이 밤에 빨갛게 된다).
?Warna bunga iru merah pada siang (꽃 색이 밤에 빨갛다).

※ 일반적으로 접두사 me-는 어근과 결합하여 타동사를 이루지만 일부 자동사를 형성하는 부류의 단어들이 있다. 이 동사들의 어근의 품사를 자세히 관찰하고 의미관계를 살펴보자.

1) me- + 동사

alir	⇒	mengalir	(흐르다)
batu	⇒	membantu	(굳어지다/돌처럼 단단해 지다)
baur	⇒	membaur	(어우러지다, 융화되다)
bisu	⇒	membisu	(말이 없다, 침묵을 지키다)
bujang	⇒	membujang	(홀아비/독신이 되기를 원하다)
darat	⇒	mendarat	(착륙하다)
gigil	⇒	menggigil	(추위 혹은 무서움으로 떨다)
inap	⇒	menginap	(묶다)
jadi	⇒	menjadi	(되다)
keluh	⇒	mengeluh	(탄식하다)
obrol	⇒	mengobrol	(잡담하다)
rangkak	⇒	merangkak	(기어가다)
raung	⇒	meraung	(으르렁 거리다, 포효하다; 신음하다)
tangis	⇒	menangis	(울다)

2) me- + 형용사에서 파생된 대부분의 형용사(형용사의 의미로 되다)

merah	⇒ memerah	(빨갛게 되다)
basah	⇒ membasah	(젖어가다)
kecil	⇒ mengecil	(작아지다)
tinggi	⇒ meninggi	(높아지다)
paanas	⇒ memanas	(뜨거워지다)
kering	⇒ mengering	(말라가다)

접사 me- + 형용사 ⇒ menjadi 형용사의 의미로 사용되는 것이 일반적이나 아래의 예들은 접사의 통상적인 문법적인 규칙에 의해서는 의미를 추정할 수 있으나 아직도 많은 어휘군은 일반화 되어 사용되지 않는 것들이 있다.

?menjelek	⇒ menjadi jelek	(나빠지다)
?menjernih	⇒ menjadi jernih	(맑아지다)
?membasah	⇒ menjadi basah	(젖다)
?mencantik	⇒ menjadi cantik	(예뻐지다)
?mengenak	⇒ menjadi enak	(맛있어지다, 편해지다)
?menila	⇒ menjadi nila	(푸른색으로 되다)

3) meN- + 명사의 결합 형태

rokok	merokok	(담배를 피우다)
rumput	merumput	(풀을 베다, 풀을 먹다)
damar	mendamar	(식물의 진을 채취하다)
rotan	merotan	(로딴/등나무를 채취하다)
arang	mengarang	(숯을 굽다)
utara	mengutara	(북쪽으로 향하다)
tepi	menepi	(가장자리로 가다)
laut	melaut	(바다로 나가다, 항해하다)
bisu	membisu	(잠자코 있다, 벙어리처럼 말을 하지 않다)
sate	menyate	(사떼를 만들다)
gulai	menggulai	(카레를 만들다)
babi buta	membabi buta	(눈먼 돼지처럼 날뛰다)
semut	menyemut	(개미처럼 바글 거리다, 우글거리다)
janda	menjanda	(과부가 되다)

연습문제 1

아래 문장내의 밑줄 친 동사 부분에 적합한 접두사 me- 형태를 넣고 해석하시오!

1. Yoesuf (ajak) saya ke pasar.
2. Saya sudah (kirim) surat kepada ayah di kampung.
3. Sekretaris saya (catat) semua pesan saya di bukunya.
4. Pembantu kami (beli) daging ayam di pasar.
5. Pembantu saya belum (pel) meja saya.
6. Adik saya sedang (hitung) uang sakunya.
7. Pipihnya (merah) karena malu.
8. Pembantu sedang (sapu) halaman rumah.
9. Kakak saya suka (pilih) warna merah.
10. Biasanya penjaga itu (tutup) pintu depan pada jam 6 sore.

연습문제 2

아래 문장의 적합한 형태의 접두사 ber- 혹은 me-의 형태를 넣고 해석하시오!

1. Kipas itu (putar) cepat.
2. Ayahku (tanam) bunga mawar sebagai pekerjaan baru.
3. Mata gadis itu (air) karena sakit.
4. Kakak saya (obat) ke Korea.
5. Apakah Anda sudah (gantung) lukisan dari teman?
6. Bus kota itu (tepi) ke pinggir jalan untuk (henti) di halte.
7. Es batu ini (cair) cepat karena panas.
8. Bawahan Anda harus (tindak) cepat.
9. Yanto (tinju) laki-laki yang jahat.
10. Bayi itu sudah bisa (rangkak).
11. Suami isteri itu (tengkar).
12. Yanto akan (cerai) dengan isterinya.
13. Rakyat (keluh) karena harga beras naik terus.
14. Guru (puji) murid-murid yang rajin.
15. Pencopet (silet) tas gadis itu di dalam bus.

연습문제 3

아래 주어진 단어에 적합한 형태의 ber- 혹은 me-를 넣고 해석하시오!

latih, tambah, kumpul, isi, hitung, ubah, bentuk, jumlah, ganti, putar, satu

1. Cangkirnya kosong, tidak _____
2. Mereka _____ sepak bola di lapangan itu.
3. Obat ini untuk _____ nafsu makan.
4. Pembantu _____ botol minum sebelum kami berangkat ke kantor.
5. Siapa yang _____ tim bola basket sekolah anda?
6. Koleksi perpustakaan kami tidak _____ karena tidak ada dana untuk membeli buku.
7. Di dunia ini tidak ada yang abadi, semuanya selalau _____
8. Dia sedang _____ buku-bukunya.
9. Kue ulang tahun gitaris itu _____ gitar.
10. Tidak ada orang yang dapat _____ jalan pikiran dia.
11. Dengan kertas ini dia dapat _____ kapal terbang.
12. Mahasiswa asing yang belajar di sini _____ 8 orang.
13. Kipas anginnya rusak, kipasnya tidak _____
14. Saya tidak suka matematika karena saya tidak pandai _____
15. Kalau mau menghidupkan lampu, kamu harus _____ tombol ini ke kanan.
16. Dia _____ uangnya dengan cepat sekali.
17. Musim dengan cepat _____
18. Mereka akan _____ buku teks yang lama dengan yang baru.
19. Para buruh _____ untuk menuntut hak mereka.
20. warna merah _____ dengan warnah kuning.

연습문제 4

아래 주어진 한 쌍의 문장 속에 적합한 ber- 혹은 me- 형태를 넣고 해석하시오!

1a. Pikiran dia sudah (ubah). Dulu dia tidak percaya pada Tuhan.
 b. Siapa bisa (ubah) pikiran orang yang sangat keras kepala itu?

2a. Patung itu (bentuk) aneh sekali.

b. Dengan kertas-kertas ini, kami akan (bentuk) dekorasi pohon Natal.

3a. Gelas itu (isi) kopi panas.

b. Pembantu (isi) gelas itu dengan kopi panas.

4a. Koleksi perangko dia (jumlah) tidak sedikit.

b. Ketika kami tiba, dia sedang (jumlah) perangko yang sudah dikumpulkan.

5a. Hari-hari cepat (ganti). Sekarang hampir akhir tahun.

b. Dia tidak (ganti) celana jinnya selama satu minggu.

6a. Sepeda saya rusak. Rodanya tidak bisa (putar).

b. Anak itu suka sekali (putar) roda sepedanya.

7a. Keenam negara itu sudah (gabung) dalam Asean.

b. Anda harus (gabung) kata-kata ini menjadi satu kalimat.

8a. Dari tahun gaji kami tidak (tambah).

b. Apa saya boleh (tambah) kopi?

9a. Berapa jam kamu (latih) piano setiap hari?

b. Sekarang siapa yang (latih) tim sepak bola nasional?

10a. Dia (hitung) uangnya dengan memakai Bahasa Jepang.

b. Anak saya masih terlalu kecil, jadi belum bisa (hitung).

11a. Anak itu nakal sekali, sering (buat) tidak sopan.

b. Saya tidak harus (buat) laporan, jadi saya senang sekali.

12a. Kami selalu (kumpul) di rumah dia tiap akhir minggu.

b. Mereka (kumpul) uang dan pakaian bekas untuk korban banjir.

13a. Nenek selalu (cerita) sebelum kami tidur.

b. Dia sering (cerita) masalah dia di kantor kepada istrinya.

14a. Kenapa Anda (henti), tidak belajar lagi?

b. Kalau dia sudah berbicara, kami sulit (henti) nya.

15a. Dia sudah mencoba berapa kali, tapi tidak (hasil).

b. Usaha dia tidak (hasil) apa-apa. Dia pulang dengan tangan kosong.

16a. Teknologi komputer belum (kembang) dengan baik di Indonesia.

b. Tim peneliti itu sedang (kembang) generasi komputer yang terbaru.

Pelajaran 5

접두사 −di와 수동태 구문

접두사 meN-을 취하는 타동사 문장은 능동문으로서 수동문으로 전환될 때 주어의 종류에 따라 2가지 형식으로 나타난다.

1. 주어가 1인칭 대명사(saya, aku, kami, kita, ku),

    2인칭 대명사(kamu, engkau, Anda, kamu, kau) 일 경우;

능동태의   주어부   + 서술어부   + 목적어부는 수동태에서
          목적어부   + 주어부   + 서술어(접두사 meN-의 생략형)의
어순으로 바뀐다.

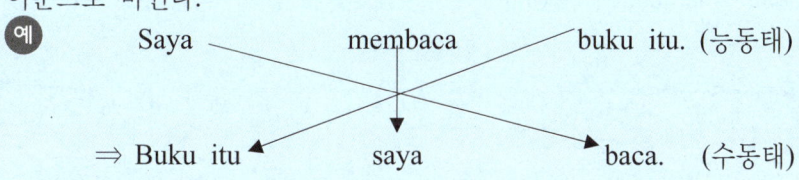

예   Saya   membaca   buku itu. (능동태)

⇒ Buku itu   saya   baca.   (수동태)

- Kami memukul anjing itu. ⇒ Anjing itu kami pukul.
  우리는 그 개를 때린다.   그 개를 우리는 때린다.
- Kamu membeli koran ini. ⇒ Koran ini kamu beli
  너는 이 신문을 산다.   이 신문을 너는 산다.
- Aku membuang sampah itu. ⇒ Sampah itu aku buang/kubuang.
  나는 그 쓰레기를 버린다.   그 쓰레기를 나는 버린다.

* 축약형이 있는 1, 2인칭 대명사 aku, engkau는 ku-, kau- 형태로 나타날 수 있다.

- Surat itu baru aku terima kemarin. ⇒ Surat itu baru kuterima kemarin.
                                           (그 편지를 바로 어제 내가 받았다.)
- Roti ini kubeli. (이 빵은 내가 샀다.)
- Buku ini perlu engkau baca. ⇒ Buku ini perlu kaubaca.
                             (이 책은 네가 읽을 필요가 있다.)
- Apakah mobil ini kaubeli? (이 자동차를 네가 샀냐?)

* 의미적으로 볼 때 수동문은 능동문의 목적어를 강조하는 형태의 문장이기에 한국어로 해석할 때 한국어에는 "목적어의 강조나 피동형, 혹은 -이 되다"로 해석하는 것이 적합하다.

> 목적어 강조형의 경우:
> - Mobil sedan baru dibeli oleh ayahku.
>   (새 승용차를 아버지가 사셨다.)
>   (??? 새 승용차가 아버지에 의해 <u>사졌다</u>.)
>
> 피동형 동사의 경우:
> - Pencuri itu ditangkap oleh polisi.
>   (도둑이 경찰에게 잡혔다.) / (도둑을 경찰이 잡았다.)

* 능동문에서 동사 앞에 위치하던 양태부사들은 수동문에서의 주어 바로 뒤에 위치한다.

> 위의 수동문에서 <u>saya baca</u>를 행위자와 동작과의 강한 결합상태의 서술어로 보기 때문에 그 사이에 양태부사를 삽입시킬 수 없다.
>
> 예) Saya <u>sudah</u> membaca buku itu. (나는 이미 그 책을 읽었다.)
>
> ⇒ Buku itu <u>sudah</u> saya baca. (그 책을 이미 나는 읽었다.)

주어 + 양태부사 + 1/2인칭대명사 + 접두사 없는 동사형

lagi	(--하는 중이다)	bisa	(--할 수 있다)
sudah	(이미 -- 하다)	dapat	(--할 수 있다)
telah	(이미 -- 하다)	boleh	(--해도 좋다)
belum	(아직 -- 하지 못하다)	harus / mesti	(해야한다)
sedang	(--하는 중이다)	pernah	(-- 한 적이 있다)
mulai	(시작하다)	jarang	(거의 --하지 않다)
masih	(아직도, 여전히 --하다)	cuma	(오직, 단지)
selalu	(항상)	hampir / nyaris	(거의 --하다)
sering	(--한 적이 있는)	hanya	(단지, 오직)
akan	(--할 것이다.)		

- Saya akan menjemput dia jam 7.   ⇒   Dia akan saya jemput jam 7.
  (나는 그를 7시에 마중 나갈 것이다.)   (그를 내가 7 시에 마중 나갈 것이다.)

- Kami sedang mencuci jendela.　⇒　Jendela sedang kami cuci.
  (우리는 창을 닦고 있는 중이다.)　　(창을 우리는 닦고 있는 중이다.)

* 위와 같은 수동문 형태는 구어체에서 3인칭 대명사, 친족관계, 호칭, 이름을 나타내는 단어들(ayah, ibu, adik, Bapak, Saudara, Nyonya 등)에서도 자주 사용되고 있으며 복수 단어 형태로 나타날 때는 이 형식을 사용하지 않는다.

> **예** - Pendapat saya ayah setujui. (나의 의견을 아버지가 동의 하셨다.)
> - Soal itu mereka setujui. (그 일을 그들이 동의했다.)
> - Radio itu telah dia perbaiki. (그 라디오를 이미 그가 고쳤다.)
> - Mobil itu Cecep cuci. (그 자동차를 째쨉이 닦다)
> - Mobil itu dicuci oleh Saudara Cecep. (그 자동차는 Cecep에 의해 닦였다.)
>   ⇒ ? Mobil itu Saudara Cecep cuci.
> - Tugas itu harus diselesaikan oleh kamu dan saya.
>   (그 과제를 너와 내가 끝내야한다.)
>   ⇒ Tugas itu harus kami selesaikan.
>   ⇒ ? Tugas itu harus kamu dan saya seleseikan.

2. 주어가 3인칭일 경우;

능동문의 주어부 + 서술어부 + 목적어부의 순서는 수동문에서
목적어부 + 서술어부 (접두사 meN-은 di-로 바뀜) +/-(oleh) + 주어부 순서로 바뀐다.

> I)　　Ayah　　memanggil　　Rustam.　　(능동문)
> 　⇒　Rustam　　dipanggil　　　(oleh) ayah. (수동문)
>
> II)　　Dia　　membersihkan　　mobil.　　(능동문)
> 　⇒　Mobil　　dibersihkan　　(oleh) dia. (수동문)

Adik saya menulis surat ini. (나의 동생은 편지를 썼다.)
⇒ Surat ini ditulis (oleh) adik saya.
　(이 편지는 내 동생에 의해 쓰였다. / 이 편지를 내 동생이 썼다.)

Dia memukul anjing itu. (그는 저 개를 때렸다.)
⇒ Anjing itu dipukul (oleh) dia. (저 개가 그에게 맞았다. / 저 개를 그가 때렸다.)

Mereka telah menonton film baru. (그들은 이미 새 영화를 보았다.)
⇒ Film baru telah ditonton (oleh) mereka.
(새 영화가 그들에 의해 시청되었다. / 새 영화를 그들은 이미 시청했다.)

* 행위를 나타내는 전치사 <u>oleh</u>는 능동문의 행위자가 서술동사의 뒤에 나타날 때에 생략이 가능하나 다른 단어가 삽입되어 나타날 때는 생략이 불가능하다.

- Mobil tua itu harus diperbaiki <u>dengan segera</u> oleh montir.
  (그 낡은 자동차는 즉시 기술자에게 수선을 받아야만 한다.)
- ?Mobil tua itu harus diperbaiki <u>dengan segera</u> montir.

* 주어가 3인칭 대명사 dia/ia일 경우 축약형인 –nya로 바뀌어 동사 뒤에 결합되어 나타날 수 있다.

- Mobil ini tidak dibersihkannya/oleh dia (이 자동차는 그가 세척하지 않았다.)
- Anjing itu dipukulnya. (저 개가 그에게 맞았다. / 저 개를 그가 때렸다.)

* 일반적인 주어 혹은 행위자를 나타내고 싶지 않을 때는 생략되기도 한다.

- Partai kita dimasuki unsur kiri. (우리당에 좌익 요소가 들어왔다.)

참고설명

1. 인도네시아어는 우리 국어의 구조와는 근본적으로 다른 차이점이 있다.
   그 중요한 차이점을 살펴보면,

> 첫째 ; 문장의 구조가 다르다는 것이요 (주어 + 서술어 +/- 목적어)
> 둘째 ; 격조사 (한국에서의 "는, 은/을, 를"과 같은 주격조사나 목적격조사 등이 있다) 가 없는 반면에 문장 순서에 의해서 행위자와 동작관계가 결정된다는 것이다.

따라서, 한 문장이 목적어를 갖고 있을 때,

우리말에 있어서는 목적어를 강조하는 의미에서 목적어가 앞으로 나와 있어도, 격조사의 기능에 따라 의미변화가 되지 않으며, 문장 전체의 기본 의미는 변화지 않는다. 또한 동사의 형태가 피동형으로 바뀌지 않는 한, 문장의 형태(능동 혹은 수동)에는 변화를 미치지 않는다.

반면에 인도네시아어에서는 격조사가 없는 대신 문장내의 구조변화(목적어 + 동사의 순서)로 능동문과 수동문이라는 문장 형태에 큰 변화를 가져오는데 이는 서술어를 이루고 있는 동사에 대해 능동형 접두사 me-를 사용하느냐, 혹은 수동형 접두사 di-나 접두사의 생략이란 형태를 사용하느냐를 결정하는데 중요한 역할을 한다. 따라서 한국어의 문장 형식으로 목적어를 앞으로 도치하여, 목적어를 강조하는 식의 표현을 할 때, 인도네시아어에서는 수동태 형식을 사용해야만 한다.

* (한국어와 인도네시아의 목적어 관계에 있어서의 문장 비교)

    (일반 서술형)   어머니가 이 빵을 만들었다.
        ⇒ Ibu membuat roti ini.

    (목적어 강조형)   이 빵을 어머니가 만들었다.
        ⇒ Roti ini ibu buat/Roti ini dibuat oleh ibu.

2. 주어가 3인칭 일 때 전치사 oleh는 동사 뒤에 바로 행위자로 이어질 경우에는 생략해도 무방하다.

> Buah manggis disukai (oleh) semua orang asing.
> (과일 망기스는 모든 외국인이 좋아한다.)

3. 자바인의 언어습관에 부드러운 간접명령의 형태로써 3인칭 주어형식의 수동태형을 명령문으로 자주 사용한다.

> Tolong, ambilkan air dingin, Yanti! (찬 물 좀 가져다줄래, Yanti야)
> Air dingin diambilkan, Yanti! (찬 물 좀 가져다줄 수 있겠니, Yanti야)
>
> Toro, mobil saya dapat dicucikan sekarang! (Toro, 내 차 좀 닦아줄래!)
> Saimin, mobilnya disiapkan di depan, ya! (Saimin, 차를 앞에 준비해줄래!)

4. 그 외에 의미상 수동을 나타내는 형식으로 접두사 ter-, ke - an, kena가 있는데 이에 관한 상세한 것은 해당 접사 편을 참조하기 바람.

> 예 Pintu kamar saya tertutup.
> Dia kehujanan ketika menunggu bus di halte.
> Ibu kena pisau (terluka) ketika mengupas apel.

연습문제

1) 다음 문장을 수동태로 고치고 해석하시오.

> **예** Saya memanggil sopir. ⇒ Sopir saya panggil.
> Yanes membeli sebuah majalah. ⇒ Sebuah majalah dibeli Yanes.

1. Ia menggoreng ubi di dapur.
2. Kamu harus menggosok gigimu setiap pagi.
3. Yanto menonton film itu tadi malam.
4. Aku telah membaca majalah itu.
5. Tamu menunggu ayah di ruang tamu.
6. Kami membayar sewa rumah setiap tahun.
7. Dia menulis buku itu pada tahun yang lalu.
8. Anda harus menghitung uang itu lebih dahulu.
9. Siapa memakai sandal saya?
10. Kami memasang AC di ruang rapat.
11. Dia mencuri mobil sedan tadi malam.
12. Semua orang mendengarkan berita itu dari TV.
13. Pedagang itu akan membeli sebuah toko.
14. Ibu Yanti menjual sepatu di toko.
15. Adik Mira mengundang temam-temannya pada hari ulang tahunnya.

2) 다음 문장을 능동태로 고치고 해석하시오.

1. Buku itu saya pinjam dari teman.
2. Lapangan tenis ini kami bersihkan kemarin.
3. Tas saya sudah dibawa oleh Yanto.
4. Tiap malam saya ditunggu oleh ibu di halte bus.
5. Saya dibangunkan oleh kakak tiap pagi.
6. Tamu dari Korea diundang oleh orang tua saya ke rumah saya.
7. Tiap hari mobil kami dicuci oleh sopir.
8. Banyak uang sudah saya pinjam dari Bank.
9. Ibu Yanti menjual sepatu di toko.
10. Adiak Mira mengundang temam-temannya pada hari ulang tahunnya.

3) 다음 괄호 안에 맞는 단어를 선택하시오.

1. Saya lihat ibunya sedang (menjahit, dijahit).
2. Kalau Anda mau (menelpon, ditelpon), pergilah ke apotek di sebelah ini.
3. Kukumu harus (memotong, dipotong) tiap minggu.
4. Susah betul (mendaki, didaki) gunung, kalau badannya gemuk.
5. Dokter (memberi, diberi) kami resep.
6. Kalau engkau mau (menulis, ditulis) surat sekarang ini, ambillah kertas dari meja.
7. Besok bendera harus (memasang, dipasang) di depan rumah.
8. Tadi pagi pembantu saya sudah (menyapu, disapu) halaman.
9. Siapa yang (memukul, dipukul) kamu?
10. Pencuri (menangkap, ditangkap) polisi.
11. Ayahnya (menggigit, digigit) anjing.
12. Sayur ini banyak (memakan, dimakan) orang Sunda.
13. Sudah lama pencopet itu (mencari, dicari) polisi.
14. Kami tidak pergi ke pesta ulang tahun itu, karena kami tidak (mengundang, diundang).
15. Dompet saya (mencuri, dicuri) pencopet di dalam bus.
16. Ibu sedang (menggunting, didunting) rambut adik saya.
17. Tiap hari Mr. Kim (membawa, dibawa) termos ke kantor.
18. Nanti malam ayah akan pergi ke lapangan terbang untuk (menjemput, dijemput) tamu dari Korea.
19. Mengapa obat filek itu belum (meminum, diminum)?
20. Kemarin dia (menerima, diterima) surat dari Indonesia.

Pelajaran 6

접미사 {-kan}

1. 기능	동사, 명사, 형용사, 수사와 결합하여 타동사를 만든다.
2. 의미	어근이 의미하는 바와 관련하여 목적어에 대한 사역의 의미, 수여의 의미 등 다양한 의미를 갖는다.

I 기능

문장 내에서 서술어의 기능을 하며 목적어를 필수로 동반하는 타동사를 만든다.

주어	+	서술어	+	목적어	±	부사어
Sopir		mengeluarkan		mobil		dari garasi
Ibu		memanaskan		air		
Mira		meminjamkan		buku		kepada saya
Yanti		memikirkan		soal ujian		

II {-kan}의 의미

1. 어근동사, 형용사, 명사와 결합하여 "-을 -하게 만들다, -을 - 되게 하다" 라는 사역동사를 만든다.

   1) 어근 동사와의 결합 :

bangun	(일어나다)	⇒	membangunkan	(일어나게 하다, 깨우다)
kembali	(돌아오다)	⇒	mengembalikan	(되돌려주다, 반납)
lahir	(태어나다)	⇒	melahirkan	(태어나게 하다, 낳다)

mandi	(목욕하다)	⇒	memandikan	(목욕하게 하다, 목욕시키다)
masuk	(들어가다)	⇒	memasukkan	(들어가게 하다, 집어넣다)
mati	(죽다)	⇒	mematikan	(죽이다, 끄다)
tidur	(자다)	⇒	menidurkan	(자게하다, 재우다)

- Dia memasukkan daging ke dalam kulkas.
  (그는 냉장고에 고기를 집어넣는다.)
- Wayan belum mengembalikan buku saya.
  (Wayan은 아직 내 책을 돌려주지 않았다)

2) 형용사와의 결합

aman	(안전하다)	⇒	mengamankan	(안전하게 만들다, 안전을 지키다)
kuning	(노랗다)	⇒	menguningkan	(노랗게 만들다)
besar	(크다)	⇒	membesarkan	(크게 만들다, 늘리다, 확대하다)
kecil	(작다)	⇒	mengecilkan	(작게 만들다, 줄이다)
luas	(넓다)	⇒	meluaskan	(넓게 만들다, 확장하다)

- Ibu mendinginkan minuman di dalam kulkas
  (어머니는 음료수를 냉장고에서 식힌다).
- Ayah menghitamkan rambutnya.
  (아버지는 머리카락을 검게 만든다/검게 물들인다.)

※ 어근이 형용사일 경우, 접사 meng-, meng-kan과 결합하여 다음과 같이 품사의 변화와 의미의 변화를 갖는다.

1a. Warna baju dia kuning (형용사: 상태: --하다)
   (그의 상의 색은 노랗다.)
 b. Karena sudah lama, warna baju putih dia menguning (자동사: 과정: -로 되다).
   (오래되어서 그의 흰옷이 누렇게 되었다.)
 c. Mereka mau menguningkan pagar ini (타동사: 행위: -하게 만들다, -되게 하다.)
   (그들은 이 집 울타리를 놀하게 만들려고 한다.)

상태(자동사)		과정/변화(자동사)	행위(타동사)
kuning	(노란)	menguning (노랗게 되다)	menguningkan (노랗게 만들다)
merah	(빨간)	memerah	memerahkan
putih	(흰)	memutih	memutihkan
kering	(마른)	mengering	mengeringkan
panjang	(긴)	memanjang	memanjangkan
besar	(큰)	membesar	membesarkan
kecil	(작은)	mengecil	mengecilkan
lebar	(폭이 넓은)	melebar	melebarkan
sempit	(좁은)	menyempit	menyempitkan
panas	(뜨거운)	memanas	memanaskan
kental	(짙은)	mengental	mengentalkan
cair	(액체의)	mencair	mencairkan
lumer	(녹다, 액체의)	melumer	melumerkan
busuk	(썩은)	membusuk	membusukkan
pucat	(창백한)	memucat	memucatkan

3) 그 외의 품사들과 결합: '되게 하다, -화시키다'

satu	(하나)	⇒	menyatukan	(하나로 만들다, 통합시키다)
film	(영화)	⇒	memfilmkan	(영화로 만들다, 영화화하다)
Indonesia	(인도네시아)	⇒	mengindonesiakan	(인도네시아화하다)
Inggris	(영국)	⇒	menginggriskan	(영국화하다)
berdikari	(자립하다)	⇒	memberdikarikan	(자립하게하다, 자립시키다)
ABRI	(인도네시아 국군)	⇒	meng-ABRI-kan	(인도네시아 국군화하다/시키다)
bukti	(증거)	⇒	membuktikan	(증거를 대다, 증명하다)
dokumentasi	(문서)	⇒	mendokumentasikan	(-에 대해 문서화 하다)
informasi	(정보)	⇒	menginformasikan	(-에 대한 정보를 주다)
manfaat	(효용)	⇒	memanfaatkan	(-을 이용하다)
gambar	(그림)	⇒	menggambarkan	(-에 대해 그림을 그리다)

  * berdikari(berdiri di atas kaki sendiri: 자립하다)
  * ABRI(Angkatan Bersenjata Republik Indonesia: 인도네시아 국군)

2. 장소와 관련한 의미의 명사 혹은 전치사와의 결합하여 '목적어를 --에 두다/이동시키다'의 의미를 갖는다

sekolah	(학교)	⇒	menyekolahkan	(학교를 다니게 하다, 학교에 보내다)
asrama	(기숙사)	⇒	mengasramakan	(기숙사에 있게 하다/보내다)
kaleng	(깡통)	⇒	mengalengkan	(깡통에 두다/담다)
buku	(책)	⇒	membukukan	(책에 담다, 책으로 만들다/펼쳐내다)
darat	(육지)	⇒	mendaratkan	(땅으로 가게하다, 착륙시키다)
pojok	(구석)	⇒	memojokkan	(코너로 몰다)
ke depan	(앞으로)	⇒	mengedepankan	(앞에 있게 하다, 앞에 놓다, 제시하다)
ke luar	(밖으로)	⇒	mengeluarkan	(밖에 있게 하다, 꺼내다, 쫓아내다)
ke samping	(옆으로)	⇒	mengesampingkan	(옆으로 치우다, 제쳐두다, 남겨두다)

- Ayah menyekolahkan adik saya ke SMA di Seoul.
 (아버지께서는 동생을 서울에 있는 고등학교로 학교를 보냈다.)
- Dia akan mengasramakan anaknya selama kuliah.
 (그는 대학교에 다니는 동안 아이를 기숙사에 넣을 것이다.)
- Dia mengalengkan rambutan untuk ekspor.
 (그는 수출을 위해 람부딴을 통조림으로 만들었다.)
- Wonje sudah membukukan pengalamannya di Indonesia.
 (원제는 인도네시아에서의 경험을 이미 책으로 만들었다.)

3. 수여동사의 의미로 활용될 수 있는 '타동사'와 결합되어 '-를 위하여 -을 해주다'라는 의미를 갖는다.

mengambil	(집다)	⇒	mengambilkan	(집어주다)
membaca	(읽다)	⇒	membacakan	(읽어주다)
membeli	(사다)	⇒	membelikan	(사주다)
mencari	(찾다)	⇒	mencarikan	(찾아주다)
menjual	(팔다)	⇒	menjualkan	(팔아주다)
memilih	(선택하다)	⇒	memilihkan	(선택해주다)
memanggil	(부르다)	⇒	memanggilkan	(불러주다)
menutup	(닫다)	⇒	menutupkan	(닫아주다)

- Ibu membacakan anak buku cerita (어머니는 아이에게 이야기책을 읽어준다).
- Dia sudah menjualkan temannya sebuah mobil (그는 친구를 위해 차를 팔아주었다).

※ 수여동사를 이루는 단어군:

membelikan (사주다);   mencarikan (찾아주다);   membawakan (가져다주다);
memilihkan (선택해주다);   mencucikan (빨아주다);   membacakan (읽어주다);
membuatkan (만들어주다);   menjualkan (팔아주다);   memintakan (요청해주다);
mengisikan (채워주다);   mengambilkan (집어주다);   membukakan (열어주다);
menutupkan (닫아주다);   mengetikkan (타이핑해주다);   memotongkan (잘라주다);
memasakkan (요리해 주다); memasangkan (설치해 주다); mengiriskan (얇게 썰어주다);
menjahitkan (재봉질 혹은 꿰메주다);   menutupkan (닫아주다)

※ 수여동사인 경우:

{meng-kan} 동사 뒤에는 수여대상인 간접목적어와 보어가 나란히 동반된다.

주어 + 서술어 + 목적어 + 보어 ± 부사어

a.   Ibu   membuatkan   kami   kue   di dapur
b.   Kakak   mencucikan   adiknya   sepatu

위의 문장들에 있어 접미사 {-kan}을 사용하지 않을 시 전치사 'untuk'을 대신하여 사용할 수 있으며 이 때 보어가 동사의 목적어가 된다.

⇒ c.   Ibu   membuat   kue   Ø   untuk kami di dapur
   d.   Kakak   mencuci   sepatu   Ø   untuk adiknya

따라서 위의 c와 d와 같은 타동사(membuat, mencuci)에 접미사 {-kan}은 수여동사의 의미부여와 수여대상 목적어를 동사 뒤에 동반하는 문장형식을 만들고 있다. 따라서 수동문으로 전환할 시, 수동문의 주어가 될 수 있는 것은 오로지 수여대상 목적어뿐이다.

Kakak mencucikan adiknya sepatu ⇒ (○) Adiknya dicucikan sepatu oleh kakak.
⇒ (×) Sepatu dicucikan adik oleh kakak.

4. 일부 단어 중 '어근동사, ber-, meng-'과 전치사와 연결된 단어들은 '목적어에 대하여 어근과 관련한 동작을 하다'란 의미를 갖는다.

rindu akan	⇒ merindukan	(-에 대해 그리워하다)
berbicara tentang	⇒ membicarakan	(-에 대해 말하다)
bercerita tentang	⇒ menceritakan	(-에 대해 이야기하다)
berdiskusi tentang	⇒ mendiskusikan	(-에 대해 토론하다)
berharap tentang	⇒ mengharapkan	(-에 대해 기대하다)
bekerja tentang	⇒ mengerjakan	(-에 대한 일을 하다)
berpikir tentang	⇒ memikirkan	(-에 대한 생각을 하다, -을 생각하다)
bertanya tentang	⇒ menanyakan	(-에 대해 질문하다)
berkumpul	⇒ mengumpulkan	(-을 모으다)
berhenti	⇒ menghentikan	(-을 멈추다; -을 세우다)
berjalan	⇒ menjalankan	(-을 가동하다, -을 운영하다)
berhasil	⇒ menghasilkan	(-을 생산하다)
berkembang	⇒ mengembangkan	(-을 발전시키다)
bergerak	⇒ menggerakkan	(-을 움직이다)
mengeluh tentang	⇒ mengeluhkan	(-에 대해 불평하다)
menyesal akan	⇒ menyesalkan	(-에 대해 실망하다, -에 대해 유감스러워하다)

- Masyarakat mengeluhkan harga bensin.
  시민이 휘발유 가격에 대해 불만을 토로하고 있다.

- Gadis itu merindukan kampung halamnya.
  그 소녀는 고향을 그리워하고 있다.

- Kami menyesalkan perbuatan anaknya.
  우리는 그 아이의 행동에 대해 유감스럽게 생각하고 있다.

5. 일부의 단어이긴 하지만 독자적인 특별한 의미를 내포하거나 동사의 행위가 상반적인 의미를 내포하는 단어들이 있다.

〈집중의 의미〉

dengar (듣다)   ⇒   mendengarkan (경청하다)

- Mereka mendengar musik dangdut. 그들은 당둣 음악을 듣고 있다.
- Mereka mendengarkan pidato presiden. 그들은 대통령의 연설을 경청하고 있다.

〈주어의 행위 입장에서 볼 때 상반적 의미〉

menyewa	(세를 얻다) ⇒	menyewakan (세를 주다)
meminjam	(빌리다) ⇒	meminjamkan (빌려주다)
memeriksa	(검사하다) ⇒	memeriksakan (검사해주다; 검사받다)
mengingat	(기억하다) ⇒	mengingatkan (상기시키다)

6. {MeN- + 심리동사 + -kan}

심리동사란 인간의 마음심리 표현과 관계되는 동사 혹은 형용사로서 접사 {meN-kan}과 결합하여 서술어로 '형용사적 용법'으로 혹은 위에서 설명한 바와 같이 형용사 혹은 동사를 어근으로 하는 타동사로 '-를 -하게 만들다'라는 의미로 사용할 수 있으나 문맥에 따라 변할 수 있지만 주어와의 상호관계에 따라 형용사적 의미를 가진 서술어로 주로 사용된다.

※ 행위자 주어 + 심리동사 (행위자의 merasa + 심리동사)

무생물 주어 + meng-심리동사-kan (-을 느끼게 만들다; -하다; 한):
pelayanan hotel yang memuaskan (만족할 만한 호텔 서비스)
* pelayanan hotel yang puas (만족할 만한 호텔 서비스)

- Saya sangat puas dengan pelayanan hotel itu.
  (나는 그 호텔의 서비스에 대해 아주 만족한다.)
- Pelayanan hotel itu sangat memuaskan. (그 호텔의 서비스는 아주 만족하다.)
- Mereka sangat senang mendengar musik keroncong.
  (그들은 꺼론쫑 음악을 듣고 아주 즐겁다.)
- Musik Keroncong sangat menyenangkan. (꺼론쫑 음악은 아주 즐겁다.)
- Mereka sangat sedih mendengar berita kecelakaan itu.
  (그들은 그 사고 소식을 듣고 몹시 슬프다.)

- Berita kecelakaan itu sangat menyedihkan. (그 사고 소식은 아주 슬펐다.)
- Kami bosan mendengar kuliah itu. (우리는 그 강의를 듣는데 지루했다.)
- Cerita itu sangat membosankan. (그 이야기는 아주 지루하다.)
- Anak saya merasa takut setelah menonton film itu.
 (나의 아이는 그 영화를 보고 겁먹었다.)
- Film itu sangat menakutkan. (그 영화는 무서웠다.)

※ 문법상으로 {meN- + 심리형용사 + -kan} 형태는 '목적어를 형용사 의미로 -하게 만들다' 혹은 '-가 되게하다'의 사역동사 형식으로도 사용되기도 하지만 일반적으로 주어가 사물주어로 사용되면서 한국어 표현으로 아래와 같이 "형용사" 의미로 자주 사용된다.

- Kuliah itu membosankan(kami/para mahasiswa/....).
 (그 강의는 지루하다.)
- Hasil ujian itu sangat mengecewakan(saya/orang tua saya/ dosen saya/....)
 (시험 성적이 실망스럽다.)
- Pelayanan di toko itu tidak memuaskan(kami/pembeli/pengunjung/......)
 (그 가게의 서비스는 불만스럽다.)

※ 심리 동사의 예

bangga	⇒	membanggakan	자랑스러운, 뿌듯한
beruntung	⇒	menguntungkan	운이 좋은
bingung	⇒	membingungkan	혼란스런
bosan	⇒	membosankan	지겨운, 싫증나다.
cemas	⇒	mencemaskan	염려스런, 걱정스런
curiga	⇒	mencurigakan	수상한, 의심스런
jengkel	⇒	menjengkelkan	언짢은, 화나는, 유감스런
gairah	⇒	menggairahkan	열광적인
gemas	⇒	menggemaskan	너무 사랑스러운, 귀여워 어쩔 줄 모르는
gembira	⇒	menggembirakan	즐거운
jijik	⇒	menjijikkan	(더러운 것에 대한) 혐오스런
kagum	⇒	mengagumkan	놀라운, 경이로운, 감탄하다
kejut	⇒	mengejutkan	(깜짝) 놀래다, 놀라운

khawatir	⇒	mengkhawatirkan	걱정스러운, 염려스러운
lega	⇒	melegakan	(분위기) 안정된, 느긋한
lelah	⇒	melelahkan	(육체적, 심리적으로) 피곤한, 피로한
malu	⇒	memalukan	부끄러운
prihatin	⇒	memprihatinkan	슬프게 만드는, 곤경에 처한
puas	⇒	memuaskan	만족스러운
pusing	⇒	memusingkan	골치 아픈, 혼란스러운
ragu	⇒	meragukan	의심스런, 의혹이 가는
repot	⇒	merepotkan	귀찮은, 짜증나는
rugi	⇒	merugikan	손해가 되는, 해가되는
sakit	⇒	menyakitkan	아픈
sakit hati	⇒	menyakitkan hati	마음이 아픈
sebal	⇒	menyebalkan	열 받는, 성질나는, 짜증나는
terharu	⇒	mengharukan	동정어린, 가엾은
terkesan	⇒	mengesankan	감명하다, 감동스런
yakin	⇒	meyakinkan	확실한

※ 접미사 {-kan}의 존재에 따라 목적 대상이 달라지는 경우도 있으며 {-kan}의 존재 유무가 의미없는 단어들, 즉 타동사일 경우 {-kan}의 존재가 임의적일 경우도 나타난다.

mengajar -을/를 가르치다   vs mengajarkan   - kepada -을 -에게 가르치다
memberi   -을 주다/-에게 주다   vs memberikan   - kepada -을 -에게 주다

연습문제 1

괄호 안에 적합한 단어를 선택하고 해석하시오!

1. Mereka sedang mencari (bukti, membuktikan).
   Anton harus (bukti, membuktikan) cinta dia kepada Tini.
2. Dia pandai membuat (cerita, menceritakan) untuk anak-anak.
   Dia tidak pernah (cerita, menceritakan) masalah pribadi dia kepada saya.
3. Kami nanti malam akan menonton (film, memfilmkan) "Hong Gildong".
   Mereka telah (film, memfilmkan) novel "Hong Gildong".

4. Kami akan menyimpan foto-foto ini sebagai (dokumentasi, mendokumentasikan).
   Kamu harus (dokumentasi, mendokumentasikan) surat-surat ini.
5. Sekretaris dia datang ke sini untuk mencari (informasi, menginformasikan)
   Mereka belum (informasi, menginformasikan) keputusan itu kepada kami.
6. Apa (manfaat, memanfaatkan) jamu ini?
   Tentu saja, saya harus (manfaat, memanfaatkan) kesempatan ini.
6. Bagaimana (hasil, menghasilkan) kegiatan sosial di daerah itu?
   Usaha kami tidak (hasil, menghasilkan) apa-apa.
8. Di dalam buku itu ada (gambar, menggambarkan) yang indah sekali.
   Maaf, saya tidak bisa (gambar, menggambarkan) hal itu dengan kata-kata.
9. Jawaban Anda (salah, menyalahkan)!
   Kaka selalu (salah, menyalahkan) saya.
10. Yang dia katakan itu tidak (benar, membenarkan)
    Kita tidak boleh (benar, membenarkan) hal yang salah.
11. Mereka (mandi, memandikan) di sungai.
    Pembantu (mandi, memandikan) anak saya.
12. Mereka tidak mau (bekerja, mengerjakan) laporan itu.
    Tinung sudah (bekerja, mengerjakan) di perusahaan asing itu selama 10 tahun.
13. Kami tidak mau (berbicara, membicarakan) tentang masalah ini lagi.
    Kami tidak mau (berbicara, membicarakan) masalah ini lagi.
14. Saya sudah lama tidak (bertemu, menemukan) dengan dia lagi.
    Tim dokter itulah yang (bertemu, menemukan) vaksin untuk penyakit hepatitis.
15. Keluarga Siswono akan (tinggal, meninggalkan) di Surabaya selama 2 tahun.
    Mahasiswa Australia itu tidak ingin (tinggal, meninggalkan) Indonesia.

연습문제 2

괄호 안에 알맞은 단어 형태 {어근}, { meng-}, {meng-kan}, {di-kan}을 넣고 해석하시오!

1. Istri direktur kami senang sekali memakai baju (kuning).
   Lihat, baju putihmu (kuning). Gantilah dengan yang baru.
   Karena dia suka warna (kuning), dia mau (kuning) pagar rumahnya.

2. Sinar matahari (kering) rambutnya.
   Hujan tidak turun selama enam bulan dan air sungai mulai (kering).
   Handuk ini basah. Apa ada yang (kering)?

3. Antrean mobil di pintu masuk jalan tol mulai (panjang).
   Dia suka dengan laki-laki yang berambut (panjang).
   Sejak saya kecil, saya tidak pernah (panjang) rambut.

4. Dia (merah) bibirnya dengan lipstik.
   Mukanya langsung (merah) karena malu.
   Supaya kelihatan jelas, lebih baik kita menulis dengan pena warna (merah).

5. Keadaan (panas) ketika seorang buruh yang berdemonstrasi ditembak polisi.
   Saya tidak bisa tidur karena udara yang terlalu (panas).
   Sop ini lebih baik (panas) dulu sebelum dimakan.

6. Untuk (besar) rumah kita tentu diperlukan biaya yang tidak sedikit.
   Jumlah tabungannya (besar) sejak dia berhenti pergi ke karaoke.
   Wah, saya belum pernah melihat rumah yang (besar) seperti itu ya.

7. Cepatlah makan sebelum es krim (cair)!
   Obat ini ada dua macam. Yang berbentuk tablet untuk orang dewasa, dan yang (cair) untuk anak-anak.
   Es ini terlalu besar, kita harus (cair) nya dulu.

8. Sejak dia aktif mengikuti program aerobik, perutnya yang dulu gendut itu mulai (kecil).
   Apa yang harus saya lakukan untuk (kecil) pengeluaran?
   Kami mau tinggal di rumah yang (kecil) saja agar tidak merepotkan.

9. Kulit badannya (putih) sejak dia tinggal di negara dingin. Dulu dia (hitam) sekali.

   Ibu memakai pemutih untuk (putih) baju kami.

10. Walaupun sudah tua, rambut kakek masih (hitam) karena beliau memakai krim yang dapat (hitam) rambut.

    Karena selalu bekerja di luar, warna kulitnya mulai (hitam).

11. Jalan di depan rumah kami tidak (lebar).

    Lalu lintas menjadi macet karena jalan yang dulu (lebar) mulai (sempit).

연습문제 3

능동형과 수동형에 유의하여 {Meng-} 혹은 {Meng-Kan} 형태를 넣고 해석하시오!

1. Kamu sedang (cari) apa?

   Saya tidak ada waktu. Sekretaris di kantor akan (cari) saya surat itu.

2. Anto masih kecil, jadi Ibu harus (pakai) dia kaus kaki.

   Dia tidak suka (pakai) dasi.

3. Istri saya (pilih) saya baju ini. Sebenarnya saya tidak suka.

   Saya tidak tahu harus (pilih) warna yang mana.

4. Karena saya tidak punya uang, pacar saya (beli) saya komputer itu.

   Kantor kami akan (beli) komputer yang paling canggih.

5. Koran kemarin belum (baca), Sekarang ada di mana?

   Nenek kami buta huruf, jadi kamu harus (baca) beliau surat itu.

6. Biaya kuliah harus (bayar) sendiri.

   Kantor hanya (bayar) kami biaya hidup sehari-hari.

7. Orang-orang itu tidak mau (antre).

   Kasihan ibu tua itu. Kita harus (antre) beliau karcis.

8. Apa surat untuk Pak Rudi sudah kamu (tulis)?

   Karena saya tidak bisa Bahasa Indonesia, sekretaris saya (tulis) saya surat itu.

9. Kenapa saya harus (buka) dia pintu mobil? Saya bukan sopir!

   Panas sekali. Boleh jendelanya (buka)?

10. Mereka harus ke bank untuk (ambil) uang,
    Saya tidak perlu ke bank sendiri. Istrinya saya bisa (ambil) saya uang itu.

11. Maaf sekali, Bu. Pekerjaan rumah belum saya (buat).
    Terlalu sulit! Jadi saya meminta sekretaris saya (buat) saya pekerjaan rumah itu.

연습문제 4

주어진 심리동사/형용사에 유의하여 {어근형태} 혹은 {meng-kan} 형태를 넣고 해석하시오!

1. Kenaikan nilai Won tentu sangat (khawatir).
   Jangan (khawatir)! Anak Ibu pasti akan segera sembuh.

2. Mereka (untung) banyak sekali!
   Penghapusan pajak itu (untung) pengusaha kecil.

3. Dia menjadi pesimis karena terlalu sering merasa (kecewa) dengan hasil tesnya.
   Keputusan itu benar-benar (kecewa) para pegawai.

4. Tentu saja saya merasa (bangga) dengan prestasi kerja saya.
   Kemenangan tim bulu tangkis Indonesia itu sangat (bangga).

5. Adik saya mudah sekali merasa (bosan).
   Pelajaran tentang teori ekonomi itu (bosan).

6. Apa yang harus saya lakukan agar dia tidak (bingung)?
   Penjelasannya (bingung) karena dia banyak memakai istilah asing.

7. Prestasi kerjanya tidak hanya (kagum) koleganya tapi juga atasannya.
   Saya tidak terlalu (kagum) pada kepandaiannya.

8. Karena krisis ekonomi, perusahaan kami (rugi) besar sekali.
   Kami tentu saja tidak mau (rugi) orang lain.

9. Oh, kami merasa (lega) sekali mendengar kabar dari dia.
   Peraturan yang baru itu (lega) banyak orang.

10. Masalah apa yang membuatnya (sedih)?
    Berita kematian kakaknya dalam kecelakaan itu tentu sangat (sedih).

12. Kalau anda tidak (puas), uangnya dapat dikembalikan.

    Untuk (puas) dirinya, dia pergi bermain selama satu minggu.

13. Dia kelihatan tidak (senang) dengan kehadiran saya di sini.

    Dia menyanyi untuk (senang) tamu-tamu yang datang.

14. Saya tidak terlalu (yakin) dengan keputusan yang saya buat sendiri.

    Dia akan melakukan apa saja untuk (yakin) atasannya bahwa dia benar.

15. Cara berbicaranya membuat orang (curiga).

    Anda harus bersikap biasa saja, jangan (curiga) seperti itu.

16. Suaranya yang begitu besar membuat kami (takut).

    Kecelakaan lalu lintas itu sangat (takut). Darah ada di mana-mana.

연습문제 5

주어진 단어를 이용하여 아래 문장에 적합한 {어근, meng-, meng-kan} 형태를 넣고 해석하시오!

1. lebar

    - Apa ada rencana untuk _____ jalan yang sempit itu?
    - Lukanya _____ karena dia tidak berhati-hati.
    - Jalan-jalan yang _____ saja macet, apalagi jalan yang sempit.

2. besar

    - Kaus kakinya terlalu _____ untuk kaki yang kecil ini.
    - Sepatu saya _____ setelah dipakai dia.
    - Ruang tamu telalu kecil. Kami akan _____nya.

3. kering

    - Di rumahnya ada kolam renang, tapi_____ . Tidak ada airnya!
    - Hujan tidak turun selama 6 bulan. Sungai-sungai mulai _____ .
    - Kami mau membeli mesin yang dapat _____ pakaian.

4. kuning
   - Karena pengaruh obat, giginya mulai _____
   - Dia perokok berat. Nikotin telah_____ giginya.
   - Dia cantik, tapi sayang sekali giginya _____

5. naik
   - Produksi beras dari tahun ke tahun _____ sehingga kualitas hidup petani secara otomatis juga membaik.
   - Harga barang-barang telah _____10%
   - Tahun ini pemerintah ada rencana untuk _____ gaji pegawai negeri.

6. turun
   - Mahasiswa berdemonstrasi meminta pemerintah _____ harga minyak.
   - Kesehatannya _____ sejak dia bekerja di proyek itu.
   - Harga barang-barang tidak pernah _____ selalu naik.

7. hilang
   - Pelan-pelan sinyal itu _____ dari layar monitor.
   - Anak saya _____ di tempat yang ramai itu.
   - Dia telah _____ buku saya tiga kali.

8. pucat
   - Wajah dia _____ sekali. Dia pasti sakit.
   - Wajahnya langsung _____ ketika mendengar berita yang mengejutkan itu.
   - Kosmetik itu _____. warna kulitnya.

연습문제 6

아래 문장에 적합한 형태의 접사(ber- 혹은 meN-kan)을 넣으시오!

cerita, jalan, kerja, bicara, henti, hasil, kumpul, kembang, tanya, gerak, pikir, harap,

1. Dia tidak suka _____ masalah pribadi dia kepada orang lain.
2. Dia selalu tidak _____ PR dan tugas dari dosen dia.
3. Kalian harus _____ di rumah Umar sebelum jam 8 malam.
4. Kami belum _____ hal itu kepada atasan.

5. Indonesia adalah negara yang sedang _____
6. Kecelakaan terjadi karena sopir tiba-tiba _____ mobilnya.
7. Kami sudah mencoba, tetapi mesin mobil tetap tidak bisa _____
8. Dia disukai anak-anak karena pandai _____
9. Anak saya hobinya _____ perangko dan kartu telepon bekas.
10. Daerah Puncak merupakan daerah yang terkenal _____ teh.
11. Mudah-mudahan program itu dapat _____ pendidikan anak-anak di daerah.
12. Kita harus bekerja sama dalam _____ program ini.
13. usaha dia agar dapat lulus univeristas akhirnya _____
14. Badannya menjadi lemah karena kurang _____
15. Pasien stroke itu tidak dapat _____ bagian kiri tubuhnya.
16. Dia tidak bisa berkonsentrasi karena terus _____ anaknya yang sakit.
17. Kami tentu saja tidak _____ bahwa dia akan menjadi sakit.
18. Kami membantu mereka tanpa _____ apa-apa.
19. Pasukan musuh _____ ke perbatasan.
20. Jangan tidak datang, ya! Kami benar-benar _____ kedatangan kalian.

연습문제 7 (심리형용사 문제)

다음 대화문에 적합한 단어형태를 넣으시오!

A: Hm, malam yang panjang, tapi sangat (senang) dan (puas)!

B: A--pa??? Menurutku, malam yang sangat (kecewa) dan juga sangat (jengkel)! (sesal) aku ikut.

A: Kamu kenapa, sih? Apa pelayan wanita di klub itu tidak cukup (gemas), atau (gairah)?

B: Tidak ada masalah dengan mereka. Yang menjadi masalah adalah kamu.
   Aku tidak pernah mengira kamu bisa melakukan hal yang sangat (kejut) seperti itu!

A: Apa yang kamu kira sangat (kejut) itu?
   Aku melakukan kesalahan apa?

B: Apa kamu tidak tahu?
   Kamu mabuk sampai muntah-muntah. Tingkah lakumu sangat (jijik) sekali!

A: Hah? (Benar)? Apa kelakuanku sampai begitu (malu)?

B: Ya!! Tidak hanya (jijik) dan (malu), tapi juga (takut), (cemas), dan (bingung) sekali!

A: Aduh, maaf sekali ya!
   Aku tidak tahu apa-apa malam itu. Aku terlalu mabuk.
   Maaf sekali kalau aku (repot) kamu.

B: Kata-kata maafmu itu sama sekali tidak (yakin).
   Aku tidak (yakin) dan juga tidak percaya hal seperti itu tidak akan terjadi lagi. Berbicara dengan kamu memang sangat (lelah) dan (sebal). Kata-kata dan kenyataan selalu tidak sama.

Pelajaran 7
접미사 {-i}

1. 기능	동사, 명사, 형용사와 결합하여 타동사를 만든다.
2. 형태	{-i}, 단어가 -i로 끝날 때는 중복사용하지 않는다
3. 의미	어근이 의미하는 바와 관련하여 목적어에 대한 반복행위 혹은 -에게 (kepada), -에 (pada), -에서 (di), -로 (ke), 대해 (terhadap), -와 (dengan)에 대한 행위

I 기능

문장 내에서 서술어 기능을 하며 목적어 혹은 보어를 동반하는 타동사를 만든다.

주어	+	서술어	+	목적어	±	보어	±	부사어
Youra		mewarnai		gambar bunga		Ø		
Koki		menyisiki		ikan Kakap		Ø		
Yanto		menghormati		atasannya		Ø		
Anda		menduduki		kursi saya		Ø		
Ayah		memberi		saya		oleh-oleh		dari Korea

II {-i}의 의미

1. {Meng + 형용사/동사 + i}의 의미: "목적어 -에게 (kepada), -에 (pada) 주다"

sayang kepada	⇒	menyayangi	(-에게 정/사랑을 주다, -를 사랑하다)
kagum pada/kepada	⇒	mengagumi	(-에게/-대해 놀라다, 감탄하다)
percaya pada/kepada	⇒	memercayai	(-에게 믿음을 갖다, -를 믿다)
marah kepada(pada)	⇒	memarahi	(-에게 화를 내다)

Mathea sangat sayang kepada adiknya.
⇒ Mathea sangat menyayangi <u>adiknya</u>.
(마떼아는 동생을 매우 사랑한다.)

Selama ini, banyak orang kagum pada candi Borobudur.
⇒ Selama ini banyak orang mengagumi <u>Candi Borobudur</u>.
(지금까지 많은 사람들이 보로부드르 사원에(대해) 경탄한다.)

Apakah kamu tidak percaya pada ucapannya?
⇒ Apakah kamu tidak memercayai <u>ucapannya</u>?
(너는 그의 말을 믿지 않니?)

Pak guru marah kepada murid yang tidak mengerjakan tugas di rumah.
⇒ Pak guru memarahi <u>murid yang tidak mengerjakan tugas di rumah</u>.
(선생님께서는 숙제를 하지 않은 학생들에게 화를 내셨다.)

2. {Meng + 자동사/형용사 + i}의 의미: 장소 및 방향의 전치사 의미

'-에서(di), -로(ke), -로 부터(dari), -와(dengan)'에 대한 행위

duduk di	⇒ menduduki	(-에 앉다)
naik ke	⇒ menaiki	(-로 오르다)
tergenang di	⇒ menggenangi	(-에 고이다)
berteman dengan	⇒ menemani	(-와 동행하다;-를 동반하다)
menghindar dari	⇒ menghindari	(-로부터 피하다)
kotor(membuat kotor pada)	⇒ mengotori	(-에다/를(-으로) 더럽게 하다)

Kamu duduk di kursi saya. (너는 나의 의자에 앉았다)
⇒ Kamu menduduki <u>kursi saya</u>.

Anak itu naik ke meja makan. (그 아이는 식탁에 올라간다)
⇒ Anak itu menaiki <u>meja makan</u>.

Air tergenang di lokasi pemakaman itu. (물이 묘지 지역에 고이다)
⇒ Air menggenangi <u>lokasi pemakaman itu</u>.

Dia berteman dengan teman dari Indonesia.
⇒ Dia menemani <u>teman dari Indonesia</u>.
(그는 인도네시아에서 온 친구를 동반하다)

※ 자동사 + 전치사 ⇒ 타동사 {meng-i} 유형의 예:

duduk di	⇒ menduduki	-에 앉다
naik ke	⇒ menaiki	-로 오르다
turun ke	⇒ menuruni	-로 내려가다
masuk ke	⇒ memasuki	-로 들어가다
jatuh di	⇒ menjatuhi	-에 넘어지다/쓰러지다
lewat di	⇒ melewati	-를 지나가다
hadir di	⇒ menghadiri	-에 참석하다
datang ke	⇒ mendatangi	-로 오다
tidur di	⇒ meniduri	-에서 자다
suka pada	⇒ menyukai	-를 좋아하다
marah pada	⇒ memarahi	-에게 화내다
setuju dengan	⇒ menyetujui	-에 동의하다
percaya pada	⇒ mempercayai	-를 믿다
hormat pada	⇒ menghormati	-를 존경하다
ikut di(belakang)	⇒ mengikuti	-를 따르다/따라가다
jauh dari	⇒ menjauhi	-로부터 멀어지다; -를 멀리하다
dekat dengan	⇒ mendekati	-와/를 가까이하다; -와 사이가 좋다
kawin dengan	⇒ mengawini	-와 결혼하다
menikah dengan	⇒ menikahi	-와 결혼하다
berkunjung ke	⇒ mengunjungi	-를 방문하다
bertemu dengan	⇒ menumui	-와/를 만나다
berkeliling di	⇒ mengelilinii	-를 돌아다니다/-를 에워싸다
mendarat di	⇒ mendarati	-에 착륙하다
menurun di	⇒ menuruni	-로 내려가다
menangis karena	⇒ menangisi	-에 때문에/-로 인해 울다

3. {Meng + 타동사/명사 + i}의 의미: '목적어에 대한 행위의 반복, 여러 번의 동작'

memukul	⇒	memukuli (두둘겨 패다, 반복적으로 때리다)
melempar	⇒	melempari (여러 번 혹은 계속 버리다)
menebang	⇒	menebangi (나무를 계속 베다)
mencabut	⇒	mencabuti (-를 계속 뽑아내다)
bulu	⇒	membului (털을 계속 뽑다)
menyisik	⇒	menyisiki (비늘을 계속 벗기다)
kulit	⇒	menguliti (가죽을 벗겨대다)
tulang	⇒	menulangi (뼈를 추려내다)

- Mereka memukuli pencuri itu.
  (그들은 도둑을 두둘겨 팬다.)

- Maman membuluhi ayam yang baru dipotongnya.
  (Maman은 바로 잡은 닭의 털을 뽑았다).

- Pembantu menyisiki ikan kakap yang baru dibeli ibu di pasar.
  (식모는 시장에서 방금 사온 도미의 비늘을 벗긴다).

- Tukang jagal itu menguliti sapi yang telah disembelih.
  (그 백정은 목을 딴 소의 가죽을 벗긴다).

- Agar tetap rapi, Toro menguliti bukunya dengan sampul plastik.
  (깔끔함을 유지하려고, Toro는 책에 플라스틱 커버를 씌운다).

4. {Meng + 명사 + i}의 의미: '목적어에 대해 어근의 의미로 행동하다, -에/로/에게/대해 어근의 의미를 주다/두다'

'목적어에 대해 어근의미를 행하다 혹은 태도를 갖다,' -로 간주하다'

musuh	⇒	memusuhi -	(-에게 적대시하다, -를 적으로 삼다)
tempat	⇒	menempati -	(-를 터가 되게 하다; -에 터를 두다)
judul	⇒	menjuduli -	(-에 제목을 달다/붙이다)
luka	⇒	melukai -	(-에 상처를 내다, -에게 상처를 주다)
harga	⇒	menghargai -	(-에 가격을 매기다, 가치를 매기다, 존중하다)
wakil	⇒	mewakili -	(-에 대표가 되다/-를 대표하다)

> Mengapa Yanto memusuhi Salim? (왜 Yanto는 Salim을 적대시하는가?)
>
> Siapa yang mengepalai proyek pembangunan gedung itu?
> (그 건물의 건설공사의 책임을 진 사람은 누구냐?)
>
> Ibuku lupa menggarami sup ayam. (나의 어머니는 닭국에 소금치는 것을 잊었다.)
>
> Kakek menamai bayi yang baru lahir Yura.
> (할아버지는 새로 태어난 아이이게 Sera란 이름을 지었다.)
>
> Pak Nana berjanji akan menemaniku untuk pergi ke Puncak.
> (Pak Nana는 Puncak에 가는데 나를 동반할 것을 약속했다.)
>
> Polisi menghalangi para demonstran untuk maju ke arah Istana Negara/Presiden.
> (경찰은 대통령궁으로 향하려는 시위대를 저지했다.)

5. {Meng + 부사 + i}의 의미: '일부 부사들에 사용되어 언급한 일반적인 전치사 의미'

> - Nampaknya Yanto ingin menyudahi hubungannya dengan Eka.
>   (Yanto는 Eka와의 관계를 끝내기를 원한다.)
> - Gadis itu menghampiriku untuk menanyakan sesuatu.
>   (소녀가 뭔가를 물으려고 내게로 다가왔다)
> - Yura mengingini kamus elektrik yang modelnya baru.
>   (Yura는 신 모델의 전자사전을 원한다.)

※ 접미사 {meng-i}의 의미가 '-에게/-에 목적어를 부여하다/주다'의 의미를 갖는 동사들은 즉 '수여대상'이 올 때는 부차적인 전치사를 사용하지 않으며 목적어 및 보어를 나란히 동반한다.

주어	+ 서술어	+ 목적어 (수여대상자)	± 보어 ± 부사어
Wayan	memberi	saya	buku baru.
Nano	mengirimi	kawannya	buku baru.
Yanto	menawari	temannya	pekerjaan itu.
Pak Nana	menghadiahi	sekretarisnya	pena mahal.
Menteri	menugasi	ajudannya	penjemputan tamu asing.
Sari	menceritai	anaknya	Kisah Seribu Satu Malam.
Toro	belum mengabari	istrinya	rencana itu.
Kami	ingin menanyai	dia	jadwal seminar besok.
Para demonstran	meneriaki	pejabat itu	kata-kata yang keras.
Pak Endo	menugasi	asistennya	pengumpulan data.
Dia	tidak pernah meminjami	orang lain	sepedanya.

반면에 {meN-i} 뒤에 수반되는 목적어가 일반 사물대상 혹은 비수여대상일 때는 관련 전치사(kepada, dengan 등)를 사용하여 표현한다.

주어	+ 서술어	+ 목적어	+ 보어 ± 부사어
Kami akan	menanami	halaman depan	Ø	dengan pohon kelapa
Polisi	menyemproti	para demonstran	Ø	dengan gas air mata.
Para pekerja itu	memuati	truk itu	Ø	dengan semen.
Petani	menaburi	tanaman padi	Ø	dengan pupuk.
Pemain drama itu	melumuri	tubuhnya	Ø	dengan cat merah.
Pelayan	menuangi	gelas kami	Ø	dengan sampanye.
Dokter	menetesi	mata pasiennya	Ø	dengan obat.
Kakak	menyirami	kepala adik	Ø	dengan air.
Dia	menyoroti	wajah orang itu	Ø	dengan kameranya.
Mereka selalu	membebani	saya	Ø	dengan masalah.
Nenek	mengolesi	keningnya	Ø	dengan balsam.
Tentara Amerika	menghujani	markas teroris itu	Ø	dengan tembakan.
Remaja suka	menempeli	dinding kamarnya	Ø	dengan poster-poster.

※ meng-i 형태의 동사가 목적어와 보어를 수반할 때 수동문을 만들 수 있는 구성성분은 접미사의 기능 및 의미 특성상 오로지 목적어 많이 수동문의 주어가 될 수 있다.

Nano mengirimi kawannya buku baru.

⇒ - Kawannya dikirimi buku baru oleh Nano (o)
  - Buku baru dikirimi kawannya oleh Nano (x)

연습문제 1

아래 문장에 적합한 단어 형태를 선택하고 해석하시오!

1. Hujan turun ketika mobil kami (masuk, memasuki) jalan tol.
2. Pencuri itu (masuk, memasuki) ke rumah kami tadi malam,
3. Mereka selalu (datang, mendatangi) ke rumah kami pada akhir minggu.
4. Pengamen juga (datang, mendatangi) rumah penduduk.
5. Tanpa dia tahu, mobil polisi (ikut, mengikuti) mobil dia.
6. Kenapa kamu tidak (ikut, mengikuti) ke sana?
7. Mereka datang ke sini (lewat, melewati) jalan belakang.
8. Pada hari Minggu, kita tidak boleh (lewat, melewati) di jalan itu.
9. Kakek selalu (duduk, menduduki) kursi goyang itu sambil menonton televisi.
10. Jangan (duduk, menduduki) di kursi itu. Itu kursi direktur. Tahu!
11. Anak saya yang paling kecil belum (kawin/mengawini).
12. Dalam kebudayaan Indonesia, laki-laki yang selalu (kawin, mengawini) perempuan, bukan perempuan yang (kawin, mengawini) laki-laki.
13. Sudah lama tidak ada orang yang (tidur, meniduri) kamar ini.
14. Tiap malam Minggu Yusuf selalu (tidur, meniduri) di rumah saya.
15. Kenapa dia selalu (jauh, menjauhi) saya?
16 Tempat kos saya tidak (jauh, menjauhi) dari Depok UI.
17. Saya tidak terlalu (dekat, mendekati) dengan pengemis.
18. A: Kenapa dia selalu (dekat, mendekati) aku?
    B: Mungkin dia (suka, menyukai) pada kamu.
19. Dia tidak (suka, menyukai) makanan yang pedas.
20. Saya tidak pasti dia akan (menikah, menikahi) sekretaris dia.
21. Banyak orang dari Jakarta yang (berkunjung, mengunjungi) ke Kebun Raya.
22. Siapa yang mau (menikah, menikahi) orang yang posesif seperti itu?
23. Sayang sekali, kami tidak ada cukup waktu untuk (berkunjung, mengunjungi) Taman Mini Indonesia Indah.

24. Kapan kamu (bertemu, menemui) Pak Yanto untuk membicarakan hal ini?
25. Mereka akan (berkeliling, mengelilingi) lapangan sepak bola.
26. Kami berjalan (berkeliling, mengelilingi) di mall yang luas itu.
27. Kapan kamu (bertemu, menemui) dengan dia?
28. Anak itu (hormat, menghormati) orang tuanya.
29. Kita harus (hormat, menghormati) pada orang tua.
30. Tidak ada orang yang (percaya, mempercayai) kata-kata dia.,
31. Saya tidak (percaya, mempercayai) pada orang itu.
32. Atasan tidak (setuju, menyetujui) proposal kami.
33. Ya, kami (setuju, menyetujui) dengan usul Anda.
34. Dia (marah, memarahi) pada saya karena saya tidak(hadir, menghadiri) pesta dia.
35. Bu Tuti (marah, memarahi) semua pegawai kantornya karena mereka tidak (hadir, menghadiri) di rapat kemarin.
36. Uang Anda (jatuh, menjatuhi) di lantai.
37. Buah durian (jatuh, menjatuhi) kepala orang itu.
38. Hujan tidak (turun, menuruni) di daerah kami selama musim kemarau.
39. Hati-hati pada waktu Anda (turun, menuruni) tangga.
40. Lihat! Nano mau (naik, menaiki) sofa.
41. Kami melihat dia ketika kami (naik, menaiki) ke atas.
42. Kami sudah (berteman, menemani) sejak kami kecil.
43. Tadi malam dia (berteman, menemani) saya ke karaoke.
44. Berhati-hatilah sebelum (menyeberang, menyeberangi) jalan.
45. Kami selalu (menyeberang, menyeberangi) di jalan itu.

연습문제 2

어근동사, {meng-i}, {di-i}를 이용한 적합한 동사형태를 넣고 해석하시오!

1. Para tamu berdiri ketika Presiden (masuk) auditorium.
2. Dokter (datang) pasien itu pada pagi-pagi.
3. Kami mau ke pesta ulang tahun Mira nanti malam. Kamu mau (ikut)?
4. Untuk sampai ke sana kamu harus (lewat) sungai ini.
5. Sudah berapa lama dia (duduk) kursi Presiden Direktur?

6. Kota Bekasi tidak (jauh) dari Jakarta.
7. Saya tidak (suka) cara dia berbicara.
8. Orang yang aneh itu terus (dekat) saya. Saya takut sekali.
9. Akhirnya dia berhasil (nikah) gadis yang dia impikan itu.
10. Kami (kunjung) ke rumah banyak teman selama di Beijing.
11. Tiap akhir semester para orang tua datang ke sekolah untuk (temu) guru anak mereka.
12. Mereka (keliling) di taman itu selama satu jam.
13. Kasihan sekali, dia bahkan tidak (hormat) oleh bawahannya.
14. Apa kamu (percaya) pada hantu?
15. Kontrak ini tidak bisa (tangan) kalau tidak (setuju) oleh atasan saya.
16. Saya (marah) Pak Anton karena tidak membuat PR (pekerjaan rumah).
17. Siapa saja yang (hadir) di pesta pernikahan dia?
18. Tubuhnya yang besar itu (jatuh) tubuh saya yang kurus kecil ini.
19. Hujan turun ketika kami (turun) gunung.
20. Cepat (naik) ke lantai enam! Pak Umar sedang menunggu anda.
21. Adik saya tidak berani pergi sendiri. Dia harus (teman).
22. Kalau anda mau (seberang) ke sana, anda harus memakai jembatan!
23. Sejak waktu itu, tidak tahu kenapa dia selalu (jauh) saya.
24.. Pulau Bali (kunjung) turis dari mana saja.
25. Anak saya seperti buntut, Dia selalu (ikut) ke mana saja saya pergi.
26. Anan-anak (lempar) anjing yang galak itu dengan batu.
27. Saya harus (lunas) uang sekolah anak saya semester depan.
28. Ibu (bumbu) masakannya.
29. Pembantu (cabut) rumput-rumput di halaman belakang.
30. Arinta (kirim) ayahnya oleh-oleh dari dari Korea.

Pelajaran 8
{Me-kan} & {Me-i}의 비교

이미 앞에서 설명한 바와 같이 접사 {Meng-kan} & {Meng-i}는 모두 타동사를 만드는 접사이다. 이러한 접사가 동사, 명사, 형용사, 부사, 수사와 결합하여 타동사를 만들 때 언급한 품사가 내포하는 의미와 {-kan} 및 {-i}의 결합으로 독특한 의미가 형성되며 문장 구조에 영향을 끼친다. 본 과에서는 주로 동일한 어근이 {Meng-kan} & {Meng-i}과 결합될 때 수반되는 목적어와의 의미적 관계와 문장구조를 집중적으로 살펴보는 장으로 구성했다.

연습문제 1

(목적어가 동사의 행위 대상 vs 장소 혹은 지역관계)

아래 예문과 같이 자동사(어근, ber-, meng-) 혹은 타동사와 목적어 관계를 파악하여 맞는 {Meng-kan} & {Meng-i} 동사를 넣고 해석하시오!

- Mereka datang ke kantor saya. (내 사무실에 오다)
- Mereka mendatangkan <u>penyanyi Jaz itu</u> untuk pesta tahun baru.
  (Jaz 가수를 오게하다)
- Mereka mendatangi <u>penyanyi Jaz itu</u> untuk minta tanda tangan.
  (Jaz 가수에게 오다)

1. Halaman sekolah menjadi sepi sesudah murid-murid (masuk) ruang kelas.
   Sopir kami (masuk) kopor-kopor kami ke dalam bagasi mobil.
   Tadi malam pencuri (masuk) ke dalam rumah kami.

2. Tiap hari dia (datang) kantor imigrasi untuk mengurus paspornya.
   Restoran itu (datang) penyanyi dari Taiwan untuk pesta tahun baru.
   Maaf, kami tidak bisa (datang) ke pesta Anda.

3. Tiap sore kakek (duduk) di kursi goyang itu.

   Maaf, saya telah (duduk) topi Bapak!

   Sungu (duduk) adiknya di bangku.

4. Pembantu saya akan (kawin) dengan tukang kebun.

   Bapak itu ingin (kawin) anaknya dengan anak teman lamanya.

   Kalau ingin (kawin) anak kami, kamu harus bekerja dulu!

5 Tidak ada orang yang mau (tidur) kamar kakek.

   Adik masih (tidur) di kamar dengan orang tua.

   Ibu Ina (tidur) anak dia di kamar tidurnya.

6. Tempat itu terlalu (jauh) dari sini.

   Orang tuanya selalu (jauh) anak perempuannya dari laki-laki itu.

   Saya takut menjadi sakit, jadi saya (jauh) pasien itu.

7. Bus itu mogok ketika (dekat) kota Bogor.

   Jalan tol Jagorawi (dekat) kota Jakarta dan Bogor.

   Saya bahkan tidak terlalu (dekat) dengan ibu saya sendiri.

8. Buah durian itu (jatuh) kaki saya. Sakit sekali!

   Buku-buku di lemari (jatuh) ke lantai.

   Hati-hati! jangan (jatuh) piring-piring ini ya!

9. Pak Yusuf diminta(naik) ke atas.

   Jangan (naik) kaki ke atas meja! Tidak sopan. loh!

   Anak itu suka sekali (naik) tubuh ayahnya.

10. Hujan (turun) ketika kami ke luar dari toko.

    Saya membantu nenek (turun) tangga.

    Dia mengikuti program aerobik untuk (turun) berat badan.

11. Hati-hati! Banyak orang (seberang) di jalan itu.

    Pakailah jembatan, kalau kamu mau (seberang) jalan!

    Polisi (seberang) anak-anak sekolah di jalan yang ramai itu.

12. Banyak orang yang (hadir) di pesta pernikahan mereka.

    Mereka akan (hadir) ahli bahasa dari Belanda di seminar linguistik itu.

    Anda tahu berapa orang yang (hadir) rapat kemarin malam?

13. Pohon-pohon besar (keliling) rumahnya.

    Dia (keliling) mobilnya di lapangan sepak bola.

    Kami (keliling) di taman itu selama kira-kira 1 jam.

14. Mereka (nikah) di London ketika mereka kuliah di sana.

    Dia mau (nikah) gadis yang cantik?

    Pastor Yosef (nikah) mereka di gereja Santa Maria.

15. Anak itu (jatuh) dari tempat tidur.

    Adik (jatuh) tempat tidur.

    Kakak (jatuh) adik di tempat tidur.

연습문제 2

다음 괄호 안에 알맞는 단어를 고르시오(능동형 및 수동형에 유의).

1. Barang-barang itu jangan (dimasukkan, dimasuki) ke dalam

    Rumah itu tidak boleh (dimasukkan, dimasuki) anak-anak kecil.

2. Ibu guru (memasukkan, memasuki) kelas setiap hari.

    Ibu guru (memasukkan, memasukki) buku-buku ke dalam lemari.

3. Kantor itu (didatangi, didatangkan) Pak lurah setiap hari.

    Buku-buku itu (didatangkan, didatangi) dari kota besar.

4. Wayan (mendatangi, mendatangkan) perpustakaan pagi-pagi.

    Pak guru (mendatangi, mendatangkan) buku-buku dari luar negeri.

5. Makanan itu (dimasukkan, dimasuki) ibu ke dalam lemari.

    Kelas itu sudah (dimasukkan, dimasuki) si Ali.

6. Ibu (memasukkan, memasuki) ikan ke dalam kulkas.

    Ia (memasuki, memasukkan) rumah baru dengan senang hati.

7. Warung bubur (didatangi, didatangkan) banyak orang.

    Yanto tidak (mendatangkan, mendatangi) tukang untuk mendirikan rumah baru.

8. Saya mampir di toko dulu dan (bertanya, menanyakan, menanyai) harga bantal kelambu.

    Siapa nanti yang sebaiknya (ditanyakan, ditanyai) mengenai itu?

9. Mutu kaus ini baik sekali karena (didatangkan. didatangi) dari Korea?

   Tiap hari pelajar bahasa Indonesia (mendatangkan, mendatangi) Korea Center.

10. Kursinya (didekatkan. didekati) ke meja tulis supaya lebih enak duduknya.

    Mira (mendekatkan, mendekati) saya minta tolong untuk mengisi formulir.

11. Kalau mau masuk ke kampung saya harus (menjalankan, menjalani) pingir-pinggir sawah karena tidak ada jalan lain.

    Kalau mobil itu (dijalankan, dijalani) dengan cepat sekali, nanti cepat juga akan juga akan rusak.

12. Dia sering saya (kirimi, kirimkan) surat.

    Berapa banyak uang yang Bapak (kirimi, kirimkan) kepada anaknya?

13. Semua makanan yang tidak tertutup harus (dimasukkan, dimasuki) ke lemari supaya tidak kena lalat.

    Kamar orang lain tidak boleh (dimasukkan, dimasuki) begitu saja. Harus ketok dulu.

14. Kursi ini besar dan empuk, jadi enak (ditidurkan, ditiduri) untuk istirahat.

15. Pohon kelapa yang tinggi itu berani (dinaiki, dinaikkan) oleh Mansur.

16. Bangku yang kamu (duduki, dudukkan) itu, baru saja dikapur.

17. Toko buku itu sering saya (mampiri, mampirkan) dulu waktu masih sekolah di daerah itu.

연습문제 3

괄호안에 맞는 적합한 접사 {me-i} 혹은 {me-kan}를 이용한 단어를 넣고 해석하시오! (동사의 특성에 따른 목적어와의 관계 및 문장구조에 유의)

1. Ayah Wayan (tawar) pekerjaan itu kepada Yusuf.
   Ayah Wayan (tawar) Yusuf pekerjaan itu.

2. Yusuf belum (kabar) rencana itu kepada istrinya.
   Yusuf belum (kabar) istrinya rencana itu.

3. Pak Purwanto (hadiah) pena mahal kepada sekretarisnya.
   Pak Purwanto (hadiah) sekretarisnya pena mahal.

4. Kami ingin (tanya) jadwal keberangakatan kereta api ke Bandung
   Kami ingin (tanya) dia jadwal keberangakatan kereta api ke Bandung

5. Pak Kunkun (tugas) penyusunan laporan keuangan kepada asistennya.
   Pak Kunkun (tugas) asistennya untuk menyusun laporan keuangan.

6. Dia tidak akan (pinjam) sepedanya kepada orang lain.
   Dia tidak akan (pinjam) orang lain sepedanya.

7. Para demonstran (teriak) kata-kata yang keras kepada pejabat itu.
   Para demonstran (teriak) pejabat itu kata-kata yang keras.

8. Undang-undang itu (tugas) presiden menyatakan perang.
   Ibu (tugas) saya menjaga adik-adik di rumah.

9. Dia tidak (kata) hal itu kepada saya.
   Dia suka (kata) orang lain.

10. Siapa yang (cerita) hal itu kepada istri saya?
    Tiap malam sebelum tidur Sari (cerita) anaknya Kisah Seribu Satu Malam.

11. Kami akan (tanam) pohon kelapa di halaman depan.
    Kami akan (tanam) halaman depan dengan pohon kelapa.

12. Tentara Amerika (hujan) tembakan ke markas teroris itu.
    Tentara Amerika (hujan) markas teroris itu dengan tembakan.

13. Polisi (semprot) gas air mata ke para demonstran.
    Polisi (semprot) para demonstran dengan gas air mata.

14. Para pekerja itu (muat) semen ke truk itu.
    Para pekerja itu (muat) truk itu dengan semen.

15. Petani (tabur) pupuk ke tanaman padi.
    Petani (tabur) tanaman padi dengan pupuk.

16. Pemain drama itu (lumur) cat merah ke tubuhnya.
    Pemain drama itu (lumur) tubuhnya dengan cat merah.

17. Pelayan (tuang) wiski ke gelas kami.
    Pelayan (tuang) gelas kami dengan wiski.

18. Dokter (tetes) obat ke mata pasiennya.
    Dokter (tetes) mata pasiennya dengan obat.

19. Kakak (siram) air ke kepala adik.
    Kakak (siram) kepala adik dengan air.

20. Dia (sorot) kameranya ke wajah orang itu
    Dia (sorot) wajah orang itu dengan kameranya.

21. Mereka selalu (beban) masalah kepada saya.
    Mereka selalu (beban) saya dengan masalah.

22. Nenek (oles) balsam ke keningnya.
    Nenek (oles) keningnya dengan balsam.

23. Remaja suka (tempel) poster-poster di dinding kemarnya.
    Remaja suka (tempel) dinding kemarnya dengan poster-poster.

연습문제 4

괄호 안에 적합한 단어 형태를 취하고 해석하시오!(me-kan 혹은 me-i)

1. Paranormal itu juga dapat (sembuh) orang yang sakit.
2. Saya tidak pergi sendiri, Anda (teman) saya.
3. Mereka (alam) hal itu ketika mereka tinggal di Afrika.
4. Saya sedang diet, jadi saya harus (kurang) biskuit dan coklat.
5. Pak Trisna sudah bosan (nasehat) anaknya yang keras kepala itu.
6. Sebelum (tanda tangan) kontrak ini, saya harus memeriksanya dulu.
7. Kasir di supermarket itu (layan) pembeli dengan ramah.
8. Dia bilang dia bisa (selesai) masalah itu dengan mudah.
9. Pak Wayan (milik) villa mewah di Puncak.
10. Mereka berhenti (tangan) proyek itu karena dananya sudah habis.
11. Cheongam Fondation (biaya) studi dan riset kami di Papua.
12. Akhirnya, dia mau (aku) ketidakjujuran dia.
13. Kami biasanya (nikmat) akhir minggu kami di Bogor.
14. Mereka sama sekali tidak (hormat) bantuan saya.
15. Dia selalu menolak, tidak pernah (penuh) ajakan saya.

연습문제 5

적당한 접사 {meN-i} 혹은 r {meN-kan} 선택하고 해석하시오.(능동형 및 수동형에 유의)

1. Saya harus (kurang) berat badan.
2. Dokter itu sedang (obat) pasiennya.
3. Mahasiswa itu tidak (selesai) tugas dari dosennya.
4. Kami harus (layan) pembeli dengan baik.
5. Biasanya orang tua terlalu sering (nasihat) anak-anaknya.
6. Pembantu (pindah) kursi itu ke kebun belakang.
7. Kotor sekali! Apa toilet ini tidak pernah (bersih)
8. Saya (teman) pacar saya berbelanja di Plaza Senayan.
9. Kenapa PR-nya tidak dia (kerja)?
10. Pak Mark belum (tanda tangan) kontrak yang baru.
11. Kami tidak bisa (nikmat) musik klasik.
12. Supermarket itu (milik) oleh pengusaha dari Singapura.
13. Tolong (siap) makan malam!
14. Komputernya (baik) dengan bantuan teknisi.
15. Tidak semua orang dapat (aku) kesalahannya.
16. Hal ini tidak mudah (jelas) kepada anak kecil.
17. Untunglah mereka tidak (alam) kesulitan selama kunjungan di Papua.
18. Perusahaan kami akan (biaya) proyek bantuan sosial ini.
19. Tadi dia (kata) apa kepada anda?
20. Jangan khawatir! Masalah ini mudah (atas).
21. Dia tidak diterima karena tidak (penuh) kualifikasi.
22. Coca cola saya (habis) siapa?
23. Keberangkatan pesawat ke Riau (batal) karena cuaca buruk.
24. Polisi tidak (tangan) kasus itu dengan profesional.
25. Semua orang tahu, kasus KKN di Indonesia sulit (tangan).

연습문제 6

적합한 {meng-kan} 혹은 {meng-i} 형태를 넣고 해석하시오!

1. Ibu Katrin (tugas) sekretarisnya menghadiri seminar itu.
2. Kami mau (tanya) informasi mengenai pembuatan paspor.
3. Kakak (hadiah) adik satu kotak coklat impor.
4. Bagaimana caranya (kabar) ibu berita yang sangat jelek ini?
5. Ini yang terakhir kali saya (pinjam) uang kepada Anda!
6. Pak Hari telah (tawar) saya berkali-kali posisi itu.
7. Jangan (cerita) masalah ini kepada siapa-siapa ya!
8. Anak-anak nakal (teriak) orang gila itu kata-kata kotor.
9. Jangan percaya! Dia sering (kata) hal-hal yang tidak benar.
10. Belanda pernah (kuasa) daerah Indonesia selama berabad-abad.
11. Yeni (tabur) keju parut ke atas spaghetinya.
12. Direktur (tugas) penyelesaian masalah itu kepada wakilnya.
13. Mereka (tanya) saya kebenaran berita itu.
14. Pengusaha itu (hadiah) pegawainya yang berprestasi.
15. Koki (tabur) kapucinonya dengan bubuk coklat.
16. Jangan lupa (kabar) hari pernikahan kalian kepada kami.
17. Dia selalu (pinjam) saya buku-bukunya.
18. Perusahaan itu (tawar) gaji dan fasilitas yang lebih baik.
19. Perawat (oles) krim antiseptik ke kepala korban yang terluka.
20. Dia (cerita) saya masalah keluarga dia sambil menangis.
21. Wonje (tuang) bak mandi dengan air dari sumur.
22. Penonton (teriak) kata-kata kasar kepada tim lawan.
23. Kantor (beban) para pegawainya dengan jam kerja yang panjang.
24. Dia suka (kata) kesalahan orang lain. Oleh karena itu, dia dibenci orang.
25. Para buruh yang marah (hujan) kantor kepala pabrik dengan batu.
26. Karena terlalu sibuk, Pak Direktur (kuasa) tugas itu kepada asistennya.
27. Yura (oles) tubuhnya dengan krim tiap kali sehabis mandi.
28. Istri saya (beban) bagasi kami dengan barang-barang belanjaannya.
29. Dia (tuang) semua isi hatinya kepada saya.
30. Mereka (hujan) batu-batu kepada anjung galak itu.

연습문제 7

아래 문장의 밑줄 부분에 {meng-i} 혹은 {meng-kan}를 사용하여 적합한 형태의 단어를 넣으시오! (*능동, 수동형에 주의)

masuk, turun, naik, datang, hadir, tidur,
dekat, jatuh, nikah, duduk, lewat, kelilng

1. Ada kira-kira 500 orang yang .... seminar itu.
2. Musik klasik itu benar-benar .... saya.
3. Siapa yang .... barang-barang saya ke lantai?
4. Dia orang yang ramah dan mudah ....
5. Kursi ini tidak enak ....keras sekali!
6. Tini hamil, tapi Tono tidak mau ....nya.
7. Banjir pasti akan .... banyak masalah.
8. Berbahaya sekali! Anak itu mau .... lemari.
9. Apa pemerintah dapat .... harga barang-barang?
10. Saya melihat dia sedang .... mobilnya ke garasi.
11. Kami .... taman itu selama satu jam.
12. Jangan .... jalan itu pada waktu jam sibuk. macet sekali!

Pelajaran 9
접사 {memper-}

1. 기능	형용사, 명사, 동사, 수사와 결합하여 타동사를 만든다.
2. 의미	형용사와 결합하여 '-을 더욱 --하게 하다', 즉 사역의 의미가 주를 이룬다.

1. 기 능 : 형용사, 명사, 동사, 수사와 결합하여 타동사를 만든다.

2. 의 미

1) Memper + 형용사(타동사): -를 더욱 --하게 만들다

```
cepat      ⇒   mempercepat     (-를 더 빠르게 하다)
kecil      ⇒   memperkecil     (-를 더 작게 하다)
sempit     ⇒   mempersempit    (-를 더 좁게 하다)
panjang    ⇒   memperpanjang   (-를 더 길게 하다)
muda       ⇒   mempermuda      (-를 더 젊게 하다)
banyak     ⇒   memperbanyak    (-의 수를 더 늘리다)

- Mereka memperbanyak senjatanya. (그들은 무기의 수를 더 늘렸다.)
- Anak itu memperbesar balon itu. (그 아이는 풍선을 더 크게 하다.)
```

※ 형용사는 접사 meng-과 결합하여 세 가지 유형의 동사로 나타난다.

```
dingin : (형용사) 차다
   - Bir itu dingin (그 맥주는 차다.)
mendingin : (자동사) 차게 되다.
   - Bir itu telah mendingin (그 맥주는 이미 차게 되었다.)
```

memperdingin : (타동사) 더 차게 만들다.
- Pembantu memperdingin bir yang belum begitu dingin.
  (가정부가 아직 그리 차지 않은 맥주를 더 차게 만들다.)
  mendinginkan : (타동사) 차게 만들다.
- Pembantu mendingkan bir yang baru dibeli di toko.
  (가정부는 가게에서 막 산 맥주를 차게 만들다.)

2) Merper- + 명사 : - 으로 되게하다(취하다), -로 간주하다, 사용하다,
             (제한된 단어들과 결합하여 나타난다)

memperisteri : -를 부인으로 맞다 (menikahi), 결혼하다
mempersuami   : -를 남편으로 맞다, 결혼하다
memperbudak   : -를 하인처럼 부리다, -를 하인처럼 여기다
memperkuda   : -를 말처럼 타다; -를 말처럼 부리다.
              -를 부당하게 처우하다 (memperbudak)
mempertuan-   : -를 주인으로 대하다/여기다
memperalat-   : -를 도구로 이용하다 (목적을 달성하기위하여), -를 활용하다
memperadik-   : -를 동생으로 여기다
memperdewa-   : -를 신격화하다, -을 숭배하다.

- Dalam abad modern ini, banyak orang yang mempertuhan(-kan) teknologi.
  (현대사회에서 기술을 신처럼(최고로) 여기는 사람들이 많다.)
- Rejim yang lama telah memperalat birokrat untuk menjadi mesin politik mereka.
  (구 독재 정권은 자신의 정치기계가 되도록 관료를 도구로 만들다.)
- Mr. Kim memperisteri wanita Indonesia.
  (Mr. Kim은 인도네시아 여성을 부인으로 맞아들이다/결혼하다.)

3) Memper + 수사 (2, 3, 4 숫자에서만 나타난다)

memperdua -   : -를 둘로 나누다
mempertiga - : -를 셋으로 나누다
memperempat - : -를 넷으로 나누다

Agar semua mendapat bagiannya, ibu memperempat kue pisang ambon itu.
(모두가 몫을 갖도록, 어머니께서는 암본 바나나 과자를 넷으로 나누다.)

4) Memper + 동사: (극히 제한된 단어에서만 사용된다)

memperoleh - : -획득하다
memperbuat - : -을 행하다, -을(노력해서) 만들다; 가지고 놀다(mempermainkan)
- Di Korea orang memperbuat 'Yeot'(엿) dari labu.
  (한국에서는 호박으로 엿을 만든다.)

※ {memper-}과 {meng-kan}의 차이점은 모두 타동사를 만드는 접사이나 같은 어근 형용사를 사용하는 경우 의미상의 차이는 다음과 같다.

besar(큰) :
　membesarkan ⇒ (작은 것을) 크게 만들다
　memperbesar ⇒ (큰 것을) 더 크게 만들다.
kecil(작은):
　mengecilkan ⇒ (큰 것을) 작게 만들다
　memperkecil ⇒ (작은 것을) 더 작게 만들다

※ 명령문과 1,2,3 인칭 대명사 혹은 호칭형수동문에서 {meng-} 만이 생략되어 사용된다.

명령문 : a. Tolong perbesar foto ini! (이 사진을 확대하시오!)
　　　　　Perkecillah poster ini! (이 포스터를 더 줄여라!)
수동태 : b. Rumahnya mau dia perbesar. (그의 집을 그는 더 늘리려한다.)
　　　　　Poster itu sudah kami perkecil. (그 포스터를 우리가 이미 줄였다.)

※ 추상적인 의미를 갖는 예외적인 단어도 있다.

memperpanjang ⇒ (비자, 여권 등을) 연장하다, 늘리다.
memperoleh ⇒ 얻다, 획득하다

연습문제 1

괄호 안에 적합한 접사 {meng-kan} 혹은 {memper-}를 넣고 해석하시오!

1. - Overhead Projector'dapat (besar) poster ini sehingga bisa dilihat semua orang dengan sangat jelas.
   - Saya mau (besar) pas foto ini.

2. - Kapan saya harus (panjang) visa saya?
   - Banyak laki-laki yang juga suka (panjang) rambut mereka.

3. - Bu Yanti harus (jelas) masalah ini kepada atasannya.
   - Gambar-gambar ini dapat (jelas) maksud kita.

4. - Baju ini terlalu besar, jadi saya akan minta tukang jahit (kecil) nya.
   - Perut dia sudah kecil, tapi dia ingin berdiet untuk (kecil) nya sedikit lagi.

5. - Sebenarnya ahli matematika, tapi dia masih ingin belajar untuk (dalam) keahliannya.
   - Kolam ikan ini terlalu rendah, jadi kita harus (dalam) nya.

6. - Banyak ahli yang mengatakan bahwa merokok dapat (pendek) umur seseorang.
   - Rambutmu sudah pendek, tidak harus (pendek) nya lagi.

7. - Jangan (sulit) hal yang mudah!
   - Jangan (sulit) masalah yang sudah rumit ini!

8. - Di tengah kemacetan orang-orang bahkan masih harus (lambat) mobilnya.
   - Dia minta tukang ojek (lambat) motornya yang berjalan dengan sangat cepat itu.

9. - Walaupun kita sudah tahu banyak, kita tetap harus (luas) pengetahuan kita.
   - Produk ini sampai sekarang hanya bisa didapat di Jakarta, tapi tahun depan produsen akan (luas) distribusinya ke Bandung dan Semarang.

10. - Agar anjing tetangga tidak masuk ke halaman kami, kami akan (tinggi) pagar rumah kami yang rendah itu.
    - Kamu sudah sehat, tidak perlu mengkonsumsi vitamin untuk (tinggi) daya tahan tubuhmu.

11. - Latihan ini terlalu sulit. Anda harus (mudah) nya.
    - Walaupun orang Kanada itu mengerti Bahasa Indonesia, Bahasa Inggris akan (mudah) mereka mengerti penjelasan Anda.

12. - Aku sedang berlari dengan santai ketika tiba-tiba ada anjing yang mengejarku. Aku langsung (cepat) lariku.
    - Pembangunan jalan itu sebenarnya sudah berjalan cukup cepat, tapi karena target yang harus dicapai, kontraktor harus (cepat) nya lagi.
13. - Minumlah jamu ini untuk (kuat) tubuhmu yang mudah sakit itu.
    - Program itu dilaksanakan untuk (kuat) hubungan kedua negara yang telah berlangsung dengan baik selama puluhan tahun.
14. - Gaya hidup yang tidak sehat dapat (lemah) daya tahan tubuh.
    - Lingkungan hidup yang tidak sehat makin (lemah) kondisi tubuh anak-anak yang kurang gizi di kampung itu.
15. - Menurut (pendapat) saya, fungsi kosmetik adalah (cantik) orang yang tidak cantik. Menurut dia, kosmetik (cantik) orang yang sudah cantik.
16. - Jangan mudah percaya, orang itu memang suka (jelek) orang lain.
    - Perbuatan KKN itu makin (jelek) rekornya yang memang minus itu.
17. - Di mana kami bisa (oleh) barang yang baik dan murah?

연습문제 2

수동태 혹은 명령문 형태에 유의 하여 괄호 안에 적합한 접사 {meng-kan} 혹은 {memper-}를 넣고 해석하시오!

1. Foto kopi peta ini belum cukup besar. Bisa (besar) sedikit lagi?
2. Suara radionya keras sekali. Tolong (kecil) sedikit ya!
3. Walaupun sudah menjadi seorang dokter, dia masih ingin (dalam) ilmunya di luar negeri.
4. Mereka tetap tidak mengerti, walaupun saya telah (jelas) berkali-kali.
5. Stasiun televisi itu akan (panjang) jam siarannya dari 18 jam menjadi 24 jam penuh.
6. Walaupun ada perbaikan kualitas kesehatan bayi dan anak, pemerintah tetap akan menjalankan program-program untuk (kecil) jumlah kematian bayi dan anak.
7. Hujan yang turun (sulit) perjalanan kami ke atas bukit yang curam itu.
8. Kalau penjualan di Jakarta Pusat baik, kami akan (luas) penjualan produk ini ke Jakarta Barat.

9. Produktivitas pekerja kami cukup baik, tapi direktur masih ingin (tinggi) nya.
10. Orang Jerman dan orang Perancis itu memakai Bahasa Inggris untuk (mudah) komunikasi mereka.
11. Karena sisa waktunya hanya satu hari, kami harus (cepat) penulisan laporan itu.
12. Apa boleh buat, kami harus (pendek) kunjungan kami yang memang hanya satu hari itu.
13. Kalau kamu mau, kamu bisa (panjang) keanggotaan klub itu.
14. Kenaikan harga beras hanya (sulit) kehidupan rakyat kecil.
15. Untuk (jelas) maksudnya kepada turis-turis Korea itu, dia menerjemahkan bahasa Inggrisnya ke dalam bahasa Korea.
16. Apa visanya sudah kamu (panjang)?
17. Hujan yang turun makin (lambat) perjalanan kami di tengah kemacetan.
18. Saya yakin kalung ini dapat (cantik) penampilannya.
19. Masalah yang rumit ini (sulit) oleh sikap dia yang emosional.
20. Tulisannya sudah saya (kecil), tapi dia bilang masih belum cukup kecil.
21. Kesempatan yang kamu (oleh) itu jangan dibuang begitu saja.
22. Artikel ini mudah untuk orang Indonesia, tapi tidak untuk orang asing. Oleh karena itu, dosen saya perlu (mudah) nya.
23. Dia sangat sehat dan kuat ya! Tidak perlu minum ginseng untuk (kuat) tubuh.
24. Sopir taksi itu tidak (lambat) mobilnya, walaupun kami sudah memintanya.
25. Sebuah 'grand piano' (indah) lobi hotel yang mewah itu.

Pelajaran 10
접사 {memper-kan} & {memper-i}

I {memper-kan}

1. 기능	명사, 동사, 형용사, 수사, 부사와 결합하여 타동사를 만든다. ※ 비생산적으로 한정되어 나타난다
2. 의미	- 목적어가 자동사형 어근의 의미가 되게 하다 - 목적어가 형용사 어근의 의미가 되도록 하는 사역의 의미 - 목적어가 어근이 의미하는 바의 대상으로서 되게 하다 - 목적어가 어근이 의미하는 바의 수동 대상으로 되게 하다 - 동사와 결합하여 '행위의 수행'의미 - -으로서 목적어가 되게 하다 등으로 사용된다.

1. 기능 : 명사, 동사, 형용사, 수사, 부사와 결합하여 타동사를 만든다.

2. 의미

1) 목적어가 자동사형 어근의 의미를 갖게 하다 (menjadikan ... ber-)

- Dia mempertemukan saya dengan adik saya.   (만나게 하다; 상봉시키다)
- Raja itu memperisterikan putra sulungnya.   (부인을 갖게 하다; 결혼 시키다)
- Dilarang mempekerjakan anak-anak sebagai buruh. (일을 하게하다; 일을 시키다)

이와 같은 사역의 의미를 지니는 한정된 단어들의 예를 보면 다음과 같다:

memperceraikan	⇒	menjadikan ... bercerai	이혼시키다
mempergandengkan	⇒	menjadikan ... bergandeng	연결시키다
mempergaulkan	⇒	menjadikan ... bergaul	어울리도록 만들다
mempergilirkan	⇒	menjadikan ... bergiliran	교대시키다

memperhubungkan	⇒	menjadikan ... berhubung	교류시키다
memperkenalkan	⇒	menjadikan ... berkenal	소개시키다
mempersaingkan	⇒	menjadikan ... bersaing	경쟁시키다
mempersambungkan	⇒	menjadikan ... bersambung	연결시키다
mempersuakan	⇒	menjadikan ... bersua	만나게 해주다
mempertandingkan	⇒	menjadikan ... bertanding	겨루게하다; 경합시키다
mempertarungkan	⇒	menjadikan ... tarung	싸움을 일으키다/싸우게 하다
mempertautkan	⇒	menjadikan ... bertautan	(벌어지거나, 깨진 것을) 붙이다
mempertempurkan	⇒	menjadikan ... bertempur	충돌/싸움을 일으키다
mempertentangkan	⇒	menjadikan ... bertentangan	충돌하게 하다
mempertunangkan	⇒	menjadikan ... bertunangan	인연을 맺어주다
mempersuamikan	⇒	menjadikan ... bersuami	시집을 보내다
mempersatukan	⇒	menjadikan ... bersatu	통일시키다; 통합하다

※ 위의 단어들을 보면 {ber-}와 관련된 동작의 대상이 하나 이상 즉 여럿이 연루됨을 알 수 있다(bertemu, bergandeng, bergaul). 그러나 다음의 일부 예들은 '더 -한'의 의미를 갖는다.

memperkembangkan	⇒	menjadikan ... berkembang	더 발전시키다
mempertumbuhkan	⇒	menjadikan ... bertumbuh	촉진시키다

※ 또 다른 부류의 {memper-/-kan} + 자동사 ber-와 관련이 깊은 것들 :

memperbedakan	(-을 차별 두다, -을 구별하다, - 식별하다)
memperedarkan	(배포하다, 돌리다) = mengedarkan
mempergunakan	(-이용하다, -사용하다)
mempekerjakan	(-에게 일을 시키다, -를 고용하다)
mempermandikan	(-에게 세례를 주다)
mempertemukan	(-만나게 하다, -를 연결시키다).

2) 목적어가 형용사 어근의 의미가 되도록 하는 사역의 의미:

> menjadikan objek (supaya)
>
> - Ia mempermalukan temannya sendiri di hadapan banyak orang.
>   (자신의 친구를 부끄럽게 만들다/창피를 주다).
> - Mereka mempersalahkan kami dalam persoalan ini. (menjadikan saya salah)
>   (- 잘못이라 하다, -에게 잘못을 전가하다; -잘못으로 여기다)
>
> | | | |
> |---|---|---|
> | memperhebatkan | ⇒ | memperhebat (-강화하다, -가중시키다) |
> | mempermalukan | ⇒ | -를 부끄럽게 만들다; -를 욕보이다; -를 창피하게 만들다 |
> | mempersudikan | ⇒ | -를 보다 좋아하도록 만들다 |
> | mempersamakan | ⇒ | -를 갖도록 만들다 |
> | mempermaklumkan | ⇒ | -를 알려주다, 알도록 (방송) 통고하다 |
> | mempermenangkan | ⇒ | -를 이기게 해주다 |

3) – 목적어가 어근이 의미하는 바의 대상으로서 되게 하다

> (memberi per- + 어근 -an);
> - Dosen memperingatkan saya. (-에게 충고하다, -에게 경고하다, 기억해내다)
>   (⇒ memberi peringatan kepada 목적어)
> - Orang tua harus memperhatikan anak-anaknya dengan baik.
>   (관심을 보내다/관심을 갖다)
>   (⇒ memberi perhatian)
>
> | | |
> |---|---|
> | memperlakukan | (-를 -로서 대하다; -를 -로 취급하다; -를 -로 다루다) |
> | memperkirakan | (-어림잡다) |
> | mempertunjukkan | (-보여주다; -공연하다; (능력 등) -보여주다; -전시하다 |

4) 의도적으로 주어는 목적어가 어근이 의미하는 바의 수동 대상으로 되게 하다

> (subjek dengan sengaja menjadikan objek sebagai bahan untuk di- + 어근)
> - Saya ingin memperlihatkan lukisan yang indah kepada Anda semua.
>   (나는 너희 모두에게 아름다운 그림을 보여 주고 싶다.)
> - Ia mempertontonkan kebolehannya di hadapan ibunya dengan bangga.
>   (그는 자신있게 어머니 앞에서 그의 능력을 과시하다.)
>
> | | |
> |---|---|
> | mempertontonkan | -(공연, 무대에서) -을 보여주다, -을 과시하다) |
> | memperdengarkan | -(-를 듣게 하다, -를 들려주다, -(노래를) 방송하다) |

5) 목적어에 대해 -하려고 애쓰다/노력하다

- Kami memperebutkan hadiah dalam pesta itu.
  (우리는 그 파티에서 상을 받으려 애쓰다)
- Mereka sudah berdebat selama dua jam. Sebenarnya, mereka memperdebatkan apa? (그들은 이미 2시간을 토론했다. 사실 그들이 뭐에 대해 격론했는가?)

memperbincangkan	(-에 대해 이야기하다/토론하다)
memperdagangkan	(-을 교역하다)
mempersengketakan	(-에 대해 분쟁/격돌/제소하다)
mempercakapkan	(-을 똑똑하게 만들려고 애쓰다)
mempertahankan	(-을 유지하다, -을 방어하다)
memperjuangkan	(-위해 투쟁하다)

6) 주어가 의도적으로 목적어가 {per-/-an}의 대상이 되게 하다.

mempertanyakan	⇒ pertanyaan	(-질문의 대상으로 삼다; -문제삼다; -의심하다)
mempertimbangkan	⇒ pertimbangan	(-저울질하다; -고려하다; -을 심사숙고하다)
memperhitungkan	⇒ perhitungan	(-계산해보다; -추정하다; 이재를 따져보다)
memperbandingkan	⇒ perbandingan	(-비교하다)
mempermainkan	⇒ permainan	(-조롱하다; 비웃다; 갖고 놀다)
memperdebatkan	⇒ perdebatan	(-에 대해 토론/논쟁하다)
mempersoalkan	⇒ persoalan	(-을 문제로 제기하다; -에 대해 언쟁하다)
mempermasalahkan	⇒ permasalahan	(-에 대해 문제삼다)

※ 두가지 유형의 단어가 공존하며 같은 의미로 사용된다.

mempergunakan	⇒ menggunakan	(-사용하다)
memperkenalkan	⇒ mengenalkan	(-알게하다, -알리다)
mempersiapkan	⇒ menyiapkan	(-준비하다)
mempersatukan	⇒ menyatukan	(-통합하다)
memperbandingkan	⇒ membandingkan	(-비교하다)
mempersalahkan	⇒ menyalahkan	(-잘못이라 하다)
memperbolehkan	⇒ membolehkan	(-기회를 주다, -허가하다)
memperdagangkan	⇒ mendagangkan	(-교역하다)
mempersilakan	⇒ menyilakan	(-할 것을 권하다)
memperdagankan	⇒ mendagangkan	(-거래하다, -교역하다)
mempertontonkan	⇒ menontonkan	(-(공연 등) -내보이다 / -과시하다)
mempersatukan	⇒ menyatukan	(- 합병하다, -통일시키다)
mempersiapkan	⇒ menyiapkan	(- 준비하다)

mengatakan (-언급하다, -말하다) ⇔ memperkatakan (-에 대해 말로 설명하다)
menanyakan (-에 대해 질문하다) ⇔ mempertanyakan (논쟁성의) -에 대해 묻다; 추궁하다 / 문제삼다.

Ⅱ 접사 {Memper – i}

1. 기능 : 동사, 형용사, 명사와 결합하여 타동사를 만드나 제한된 단어에서만 나타난다.

1) 동사 및 명사와의 결합: 극소수의 경우라 사전 참조 필요

> belajar ⇒ mempelajari (전문 혹은 집중적으로 공부하다)
> ingat ⇒ memperingati (사건, 사람을)기념하다, (기념일 등에 행사를 거행하여)축하하다; (죽은 사람을)추도하다. 기념하다,
> lindung ⇒ memperlindungi (보호하다: melindungi, melindungkan)
> gaul ⇒ mempergauli (정을 통하다, 몸을 섞다: menyetubuhi; menyenggamai)
> senjata ⇒ mempersenjatai (무장하다)
> daya ⇒ memperdayai (-를(부정적 목적으로) 이용하다)
> antara ⇒ memperantarai (중계하다)
>
> - Kami memperingati hari kelahirannya. (우리는 그의 출생을 기념했다.)
> - Dia mempelajari cara menanak nasi. (그는 밥 짓는 방법을 배운다.)
> - Penduduk mempersenjatai diri untuk menghadapi para perampok.
>   (주민들은 모든 강도에 대항하기 위해 무장을 했다.)
> - Tahun ini negara korea akan memperingati hari kemerdekaan yang ke-56.
>   (올해 한국은 56번째의 독립 기념일을 기념했다.)

2) 형용사와의 결합: -가 되게 하다

> baru ⇒ memperbarui (새롭게 만들다, 개량하다)
> baik ⇒ memperbaiki (수선하다, 고치다)
> lengkap ⇒ memperlengkapi (완벽하게 갖추다, 충분히 채우다)
>
> - Mereka sedang memperbaruhi sistem kerja di kantornya.
>   (그들은 사무실에서 업무 시스템을 개선중 이다.)
> - Kami memperbaiki jalan yang rusak itu.
>   (우리는 망가진 길을 고쳤다.)
> - Pemerintah memperlengkapi kebutuhan rumah tangganya.
>   (정부는 가정 필수품을 갖추어 놓았다.)
> - Apa kamu bisa memperbaiki komputer yang rusak ini?
>   (너는 고장난 컴퓨터를 수리할 수 있니?)

2. 다음 회화 내용 중 접사부분의 의미를 주의하여 살펴보자.

A: Hidup sudah sulit, jadi jangan mempermasalahkan hal-hal yang kecil dan tidak penting. (삶이 이미 어려워졌으니 작고 중요하지 않은 일에 대해 문제시 마라!)

B: Kamu sedang membicarakan apa dan siapa?
(너 지금 누구와 무엇에 대해 얘기하고 있는 거야?)

A: Atasan saya. Dia suka sekali begitu. Benar-benar menyebalkan!
(내 윗사람. 그는 그렇게 말하는 걸 정말 좋아해. 정말 짜증나/실망스러워!)
Dia kadang-kadang juga memperlakukan saya seperti pembantunya.
(그는 가끔 나를 자기의 도우미 취급까지 한다니까.)

B: Ada seorang psikolog yang memperhatikan dan mempelajari tingkah laku manusia.
(인간의 행동에 대해서 관심을 갖고 연구한 심리학가 있어.)
Dia mengatakan bahwa orang yang seperti itu sebenarnya sedang mencari perhatian orang lain.
(그는 그런 사람들은 사실 다른 사람의 관심을 받기 해 그러는 거라고 말했어.)

A: Begitu? Lalu, apa dia bisa diobati atau tingkah lakunya itu bisa diperbaiki?
(그래? 그럼, 그 사람 치료 받거나 그의 그런 행동들은 고쳐질 수 있는 거야?)

문장연습

1) Dia tidak memperhatikan penjelasan gugurnya.
2) Kami akan mempertimbangkan usul mereka.
3) Bank Dunia memperkirakan ekonomi Indonesia akan pulih pada tahun 2005.
4) Dia memperlakukan istrinya seperti pembantu.
5) Mereka memperdagangkan narkoba di diskotek-diskotek.
6) Pak Iwan perlu memperingatkan pegawai yang sering datang terlambat.
7) "Cho Yong-Phil" akan mempertunjukkan lagu-lagu terbarunya.
8) Adik memperlihatkan koleksi perangkonya kepada teman-teman.
9) Dia memperdengarkan suaranya yang indah di pesta itu.
10) Anak yang nakal itu suka mempermainkan gurunya.
11) Kantor mereka mempekerjakan 3 konsultan asing.
12) Dia akan mempertemukan pacarnya dengan keluarganya.
13) Bapak itu sering mempermalukan istrinya di depan orang banyak.
14) Jangan mempermasalahkan hal-hal kecil.
15) Mereka selalu memperdebatkan masalah yang tidak penting.
16) Coruption watch mempertyanyakan militer dalam kasus itu.

연습문제 1

괄호 안에 적합한 단어를 선택하고 해석하시오!

1. Kami (memperdengarkan, mendengarkan) lagu-lagu rakyat daerah kami kepada wisatawan. Mereka (memperdengarkan, mendengarkan) lagu-lagu itu dengan serius.
2. Kami akan (mempertunjukkan, menunjukkan) tarian nasional Indonesia di TMII.
3. Dia sering lupa membawa kamus. Jadi setiap pagi, aku harus (memperingatkan, mengingatkan) nya untuk membawa kamus.
4. Korupsi adalah perbuatan yang (mempermalukan, memalukan).
5. Anak saya pandai (mempermainkan, memainkan) alat musik.
6. Anda harus (memperlakukan, melakukan) dia sebagi adik.
7. Untuk (mempermalukan, memalukan) para korupter, jaksa akan menayangkan foto mereka di TV.

8. Pak Hari (memperingatkan, mengingatkan) Toro untuk tidak datang terlambat.
9. Kita tidak boleh (mempermainkan, memainkan) perasaan orang lain.
10. Pemerintah sudah (memperingatkan, mengingatkan) pabrik itu untuk mengatasi limbah beracunnya.
11. Saya akan pulang sekarang karena acara ini benar-benar (memperbosankan, membosankan).
12. Jaksa (mempertunjukkan, menunjukkan) barang bukti berupa pistol kepada hakim.
13. Jangan (memperlakukan/melakukan) pekerjaan seperti ini!

연습문제 2

주어진 문장에 적합한 접사 {Memper − Kan} 혹은 {Memper−I} 선택하고 해석하시오!

1. Tentu saja dia tidak bisa menjawab karena selama kuliah dia tidak (hati) penjelasan dosennya.
2. Jangan (main) orang lain! Itu sangat tidak sopan, tabu!
3. Pabrik yang (kerja) 500 buruh itu bangkrut.
4. Kenapa dia tidak mau (kenal) pacarnya kepada kami?
5. Kami (kira) keuntungan yang akan dapat tidak besar.
6. Atasan telah (ingat) dia berkali-kali, tapi dia tetap membuat kesalahan yang sama.
7. Saya dengar dia bisa (baik) barang-barang elektronik.
8. Atasan saya suka sekali (masalah) yang kecil.
9. Dia (lihat) koleksi buku-buku komiknya keapda kami.
10. Mereka (dagang) apa saja di tempat itu?
11. Dia (ajar) teknologi komputer di Jerman selama 5 tahun.
12. Tidak ada gunanya (debat) yang mana lebih dulu ada; telur atau ayam?
13. Lebih baik kamu (timbang) dulu sebelum membuat keputusan.
14. Kami akan (ingat) hari ulang tahun perkawinan orang tua kami dengan sederhana.
15. Polisi (laku) demonstran itu seperti dia seorang penjahat.
16. Kalau (guna) komputer, pekerjaannya tentu akan lebih cepat selesai.
17. Berapa biaya yang diperlukan untuk (baru) museum abad ke 18 itu?
18. Di pesta itu mereka (tunjuk) ketrampilan mereka menyanyikan lagu-lagu 'Tom

Jones' yang populer di tahun 1960-an.
19. Mereka sengaja membuat pesta untuk (temu) Toro dan Wulfa.
20. Manajer yang baik harus dapat (satu) stafnya.
21. 'Cho Su-Mi' akan (dengan) suara emasnya di acara itu.
22. Supaya lulus ujian, saya harus (siap) diri saya sebaik-baiknya.
23. Pak Hari meminta murid-muridnya (baik) kesalahan yang mereka buat dalam tes minggu yang lalu.
24. Ibu (ingat) Toto yang akhir-akhir ini sering pulang malam.
25. Banyak orang (tanya) keterlibatan Menteri Keuangan dalam kasus KKN itu.

연습문제 3

아래 주어진 문장의 밑줄 부분에 적합한 {ber-, meN-, me-kan, memper-kan, memper-i}를 넣고 해석하시오!

1. [dengar]
   - Kami sudah lama tidak _____ kabar dia.
   - Di kelas dia tidak _____ penjelasan dosennya. (청취하다)
   - Dia _____ kaset musik 'Cho Yong-Phil' yang baru dibelinya. (들려주다)

2. [lihat]
   - Kami tidak bisa _____ apa-apa karena gelap.
   - Dia _____ foto-foto selama dia tinggal di Kalimatan. (보여주다)

3. [main]
   - Anak-anak senang _____ di kebun.
   - Apa kamu juga visa _____ musik jazz?
   - Anak-anak nakal itu _____ orang buta itu. (놀리다)

4. [kerja]
   - Hari Sabtu kami tidak _____ .
   - Dia selalu tidak _____ latihan yang dibdri gurunya.
   - Kantor kami hanya _____ konsultan lokal. (일을 시키다)

5. [laku]
   - Kamu _____ apa saja selama di sana?

- Dia _____ anak-anaknya seperti anak kecil. (취급하다)

6. [tunjuk]
   - Mereka _____ Yanto sebagai ketua organisasi.
   - Sikapnya yang dingin itu _____ bahwa dia tidak peduli.
   - Di konser itu kelompok itu akan _____ kemahiran mereka bermain biola. (공연)

7. [ingat]
   - Maaf, saya tidak _____ hari ulang tahun dia.
   - Tidak sulit _____ namanya yang pendek itu.
   - Sekretaris saya _____ saya bahwa besok ada rapat.
   - Atasan akan _____ pegawai yang tidak disiplin.
   - Pada hari Natal umat Kristen _____ kelahiran Yesus Kristus.

8. [temu]
   - Kami pernah _____ di pesta malam tahun baru.
   - Dia _____ dompet itu di toilet umum.
   - Kapan kami bisa _____ rektor?
   - Pak Amir _____ manajer yang baru dengan semua pegawainya.

9. [malu]
   - Saya benar-benar merasa _____
   - Kamu tahu, sikap itu sikap yang sangat _____
   - Jangan suka _____ orang!

10. [kira]
    - Kami tidak _____ bahwa dia bisa berbicara kasar seperti itu.
    - Kami _____ kerugian yang cukup besar.

11. [kenal]
    - Maaf, kami tidak _____ orang itu.
    - Kapan dia mau _____ pacarnya?

12. [timbang]
    - Petugas bandara _____ barang-barang kami.
    - Pemerintah juga harus _____ usul dari daerah.
    - Kedua suku yang bertikai itu sekarang telah _____

- Pendekatan itu berhasil _____ kedua suku yang bertikai itu.

13. [tanya]
    - Jangan _____ saya mengenai masalah itu karena saya tidak tahu apa-apa.
    - Mereka akan langsung _____ masalah itu kepada Pak Tarno.
    - Dia mulai _____ hubungannya dengan pacarnya sejak pacarnya tidak menelepon lagi.

연습문제 4

아래 문장에 적합한 주어진 단어를 선택하고 해석하시오!

1. mendengar, mendengarkan, memperdengarkan
   Saya tidak .... apa yang dia katakan karena saya sibuk dengan pekerjaan saya.
   Saya sedang .... berita dari radio ketika dia datang.
   Jose Carreras akan .... suara emasnya di konser itu.

2. melihat, memperlihatkan
   Mereka belum pernah .... anak saya.
   Di pameran itu mereka akan .... teknologi ponsel yang terbaru.

3. bermain, memainkan, mempermainkan
   Anak-anak itu sedang. .... sepak bola.
   Mereka akan .... musik-musik klasik.
   Dia .... saya, Oleh karena itu, saya marah sekali.

4. bekerja, mengerjakan, mempekerjakan
   Dia telah ....di perusahaan itu selama 10 tahun.
   kami tidak .... apa-apa selama akhir minggu.
   kantor kami .... 6 orang teknisi dari Jepang.

5. melakukan, memperlakukan
   Petugas di tempat itu tidak .... pemeriksaan.
   Polisi ...... pendatang-pendatang gelap itu seperti penjahat.

6. menujuk, menunjukkan, mempertunjukkan
   Mereka belum pernah ...... anak saya.
   Di pameran itu mereka akan .... teknologi ponsel yang terbaru.
   Di konser itu mereka akan ...... lagu-lagu jazz tahun 1960-an.

7. ingat, mengingatkan, memperingatkan, memperingati

   Aduh, maaf saya tidak ..... nomor telepon kantor dia.

   Sekretaris saya .... saya bahwa besok ada pertemuan dengan Pak Dubes.

   Saya sudah ...... sopir saya berkali-kali, tetapi dia masih saja datang terlambat.

   Setiap tanggal 17 Agustus kami .... Hari Kemerdekaan.

8. bertemu, menemui, menemukan, mempertemukan

   Kapan kami bisa .... Pak Menteri?

   Kami akan .... atasan mereka untuk membicarakan masalah ini.

   Mereka tidak dapat .... spare part mobil saya.

   Salim mau ..... Yusuf dan Eadang di kafe.

9. malu. memalukan. mempermalukan

   Dia sebenarnya mau kue itum tapi merasa .... untuk mengatakannya.

   Pemboman oleh Nato adalah aksi yang sangat ....

   Anak saya .... saya di depan tamu-tamu yang datang di pesta itu.

10. mengira, memperkirakan

    Kami .... dia bekerja di Medan, tetapi sebenarnya dia bekerja di Bandung.

    Para analis ekonomi .... ekonomi Indonesia akan membaik tahun ini.

11. mengenal, mengenalkan

    Kami belum .... orang tua dia.

    Dia tidak mau .... orang tuanya.

12. meninmbang, mempertimbangkan

    Saya mau .... berat badan. Mungkin naik 3 kilo!

    Pemerintah harus .... pendapat-pendapat dari partai politik.

13. bersatu, menyatukan

    Waktu itu Jerman Barat dan Jerman Timur belum ....

    Kedua pemimpin Korea itu akan .... Korea Utara dan korea Selatan

14. bertanya, menanyai, menanyakan, mempertanyakan

    Mereka mau .... saya mengenai masalah itu.

    Mereka mau .... masalah itu kepada saya.

    Mereka mau .... kepada saya mengenai masalah itu.

    Mereka mau .... saya mengenai masalah itu,

    Direktur bank mulai .... kejujuran pegawai itu.

연습문제 5

괄호 안에 주어진 단어를 사용하여 적합한 접사를 넣고 해석하시오!

{memper-, memper-i, memper-kan}

1. Nano (istri) seorang wanita yang kaya.
2. Mereka (rebut) warisan orang tua mereka.
3. Campur tangan Jepang (buruk) situasi negara itu.
4. Mengapa kamu masih terus (masalah) hal itu?
5. Adik (lihat) lukisan yang dibuatnya kepada ayah?
6. Tim pendaki gunung (lengkap) mereka sendiri dengan tabung zat asam?
7. Pemerintah Indonesia berusaha semaksimal mungkin untuk (juang) hak para TKI (Tenaga Kerja Indonesia) di Malaysia.
8. Hujan deras telah (parah) kondisi kesehatan pengungsi.
9. Tahun ini, bangsa Indonesia (ingat) kemerdekaan bangsa Indonesia yang ke-60.
10. Kakak sedang (baik) sepedanya yang rusak.
11. Pihak oposisi (senjata) penduduk desa itu dengan senjata tajam untuk membantu mereka.
12. Bahasa indonesia merupakan alat untuk (satu) seluruh bangsa Indonesia.
13. Apakah pemerintah daerah Jakarta bisa (luas) lapangan kerja.
14. Perusahaan itu (hati) kesejahteraan karyawan.
15. Mereka gagal sampai di puncak gunung yang tinggi itu karena tidak (kira) faktor cuaca yang mudah berubah.
16. Polisi sedang mencari orang yang diduga telah (alat) para buruh untuk berdemonstrasi di depan istana presiden.
17. Saya akan (baru) peralatan dapur di rumah saya.
18. Anda tidak boleh (budak) pegawai Anda. Mereka harus diberi waktu istirahat yang cukup.
19. Jalan raya ini seharusnya sudah cukup lebar. Akan tetapi, pemerintah akan (lebar) jalan ini karena jumlah kendaraan yang melewatinya semakin banyak.
20. Teman saya akan (dalam) seni musik di luar negeri.

연습문제 6

괄호 안에 주어진 단어를 사용하여 적합한 단어를 넣고 해석하시오!

(Memper- & me-/-kan & memper-/-kan & memper-/-i)

1. Dia sangat sehat dan kuat ya! Tidak perlu minum ginseng untuk (kuat) tubuh.
2. Karena sisa waktunya hanya satu hari, kami harus (cepat) penulisan laporan itu.
3. Banyak ahli yang mengatakan bahwa merokok dapat (pendek) umur seseorang.
4. Menurut saya, fungsi kosmetik adalah (cantik) orang yang tidak cantik. Tetapi menurut dia, kosmetik (cantik) orang yang sudah cantik.
5. Pak Tomi (baik) kata-kata yang salah dipakai oleh murid dalam karangnya.
6. Di dalam laci Yanti (temu) dompet yang hilang kemarin.
7. Dia akan (temu) pacarnya dengan keluarganya.
8. Bank Dunia (kira) ekonomi Indonesia akan pulih pada tahun 2006.
9. Berapa biaya yang diperlukan untuk (baru) rumah yang lama itu?
10. Gambar-gamabr di dalam kamus berfungsi untuk (lengkap) keterangan atau penjelasan kata atau frase yang bersangkutan.

연습문제 7

괄호 안에 주어진 단어를 사용하여 적합한 접사를 넣고 해석하시오!

{memper-, diper-, memper-i, diper-i, memper-kan, diper-kan}

A: Sudahlah, untuk apa (debat) masalah yang sudah lewat.

B: Dia (malu) aku. Bagaimana aku bisa (lupa)nya? Itu akan terus aku (ingat) seumur hidup. Apa kamu tidak marah kalau (laku) seperti orang bodoh dan (main) di depan banyak orang? Itulah yang dia (laku) terhadapku!

A: Ya, marah sekali. Tapi, ya, tidak perlu (tunjuk) kemarahan sampai seperti itu. (malu) sekali, seperti anak kecil saja.

B: Aku sengaja (lihat) kemarahanku. Biarlah seluruh dunia tahu! juga untuk (ingat) orang lain agar berhati-hati dengan orang yang sangat berbahaya itu!

A: Memang tidak ada orang yang sempurna, tapi siapa tahu dia bisa (baik) kesalahannya.

B: Tidak mungkin. Sifatnya sangat sulit (kira). Aku tahu benar siapa dia. Sudahlah, aku tidak mau (panjang) perdebatan ini. Kenapa kamu mau (hati) masalah ini?

A: Saya tidak bermaksud (tanya) kedewasaanmu dalam menyelesaikan masalah ini. Tapi, saya berharap kamu dapat (timbang) pendapat negatifmu tentang dia.
kalau kamu mau, aku bisa membantu (temu) kalian berdua untuk berbicara baik-baik.

Pelajaran 11
접두사 {ter-}

1. 기능	동사, 형용사, 명사와 결합하여 자동사 혹은 극히 일부 명사로 사용된다
2. 형태	ter- + 형용사 혹은 ter- + 동사와 결합되며 접두사의 형태로는 어근의 형태에 따라 te- 혹은 tel-의 형태도 나타난다.
3. 의미	1. ter- + 형용사 ⇒ 최상급 2. ter- + 동사 1) 의도하지 않은/무의식적인 행위 2) 가능성 3) 완료상태 4) 무의식적인 급작스런 행위

1. {ter-} + 형용사:

형용사의 최상급을 나타내며 문장에서 서술어 혹은 한정사로 사용된다.

1) 서술어로서 최상급을 나타낸다.

- Bulan Januari terdingin di Korea. (1월이 한국에서 가장 춥다.)
  ⇒ Bulan Januari paling dingin di Korea.
- Gunung Halla tertinggi di Korea Selatan. (한라산은 남한에서 가장 높다.)
  ⇒ Gunung Halla paling tinggi di Korea Selatan

2) 한정사로서 최상급을 나타낸다.

- Dia mahasiswa (yang) terpandai di universitas ini.
  (그는 이 대학에서 가장 똑똑한 학생이다.)
- Pak Hari menerima gaji (yang) tertinggi di kantor kami..
  (하리씨는 우리사무실에서 가장 높은/최고의 봉급을 받는다.)

2. {ter-} + 동사

1) 의도하지 않은/무의식적인 행위

- Tadi malam dia tertidur di ruang tamu. (지난밤에 그는 거실에서(깜박) 잠들었다.)
- Dompet dia tertinggal di kantor. (그의 지갑을 사무실에(모르고) 놔두었다.)

※ {ter-} 와 {ø / di-}의 비교

1a) Karena capek sekali, ketika perjalanan pulang ke rumah, saya tertidur di mobil.
 (몹시 피곤해서 집으로 돌아오는 길에 차에서 (무의식적으로) 잠들었다.
1b) Kalau ada sopir, saya bisa tidur di mobil selama perjalanan pulang.
 (운전기사가 있다면 나는 귀가하는 동안 (의도적으로) 잠잘 수 있다.)
2a) Maaf sekali ya. Karena saya tidak hati-hati, buku Anda terambil saya.
 (미안하다. 내가 부주의해서 네 책을 (모르고) 가져갔다.)
2b) Formulir itu habis karena diambil mahasiswa-mahasiswa.
 (그 서류양식은 대학생들이 가져가 다 없어졌다.)

1a), 2a) 문장에서 tertidur, terambil 에 접두된 접두사 {ter-}는 동사의미의 무의식적인 동작 결과 상태를 나타내는 것이며, 반면에 1b), 2b) 문장에서의 동사 tidur, diambil 은 행위자의 의식적인 동작을 나타낸다. 특히 접두사 {di-}와 {ter-}는 모두 수동의 의미를 갖고 있지만 수동형 접두사 {di-}는 여전히 동작성을 내포하는 반면 {ter-}는 동작의 완료 상태를 나타낸다.

3a) Apakah dia ditembak atau tertembak oleh polisi?
 (그는 경찰에 의한 의도적인 사격에 맞았니 아니면 우연히 맞았니?
 (의도적 혹은 비의도적)
3b) Apakah pencuri itu ditangkap atau tertangkap oleh polisi.
 (그 도둑을 경찰이 잡았니 아니면 우연히 잡혔니?)

3a)와 3b) 문장에서 접두사 ditembak, ditangkap 동사는 행위자인 polisi의 의도적인 동사의 동작을 나타내는 반면 tertembak, tertangkap은 우연성/돌발적인 사건에 의한 동작의 결과를 낸다.

연습문제 1

두 문장을 비교하여 문맥에 맞는 동사 형태(접두사 di- 혹은 ter-)를 넣고 해석하시오!

1a. Semua barang yang tidak diperlukan sudah (buang).
 b. Surat itu (buang) oleh sekretaris saya sehingga saya marah sekali.
2a. Kopinya (minum) oleh saya, Pak. Saya tidak tahu itu kopi Bapak.
 b. Obat ini harus (minum) tiga kali sehari.
3a. Surat itu (bawa) pulang oleh Mr. Kim. Katanya mau dibaca di rumah.
 b. Surat itu (bawa) pulang. Saya sendiri tidak tahu sampai saya tiba di rumah.
4a. Kalau $100 Amerika (tukar) dengan rupiah, sekarang berapa, ya?
 b. Sepatu kami sering (tukar) karena ukuran, model, dan warnanya sama.
5a. Rekening di bank telah (pakai) habis. Saya baru tahu.
 b. Uang itu sengaja (pakai)-nya samapi habis.
6a. Anak kami (tinggal) di rumah ketika kami pergi berbelanja.
 b. Anak kami (tinggal) di tempat itu karena kami terburu-buru.

2) 가능성(dapat di-):

> 부정사 tidak과 결합되어 나타나는 경향이 있다.
>
> - Mobil BMW tidak terbeli cleh kami. (BMW 자동차는 우리가 살수 없다 (능력이 없어)).
>   Hanya mobil Sonata saja yang terbeli oleh kami.
>   (우리가 살 수 있는 것은 단지 소나타다)
> - Tulisan dokter itu tidak terbaca (oleh saya).
>   (그 의사의 글씨를 (나는) 읽을 수 없다.)
> - Kotak itu tidak terangkat oleh adik saya. (그 상자를 내 동생은 들 수가 없다.)

※ 비 교

1a) Karena kecil sekali, tulisan di papan tulis itu tidak terbaca oleh kami.
 (너무 작아서 칠판 글씨를 우리는 읽을 수 없다.)
1b) Kenapa laporan ini tidak mau dibaca Pak Yusuf?
 (왜 이 보고서를 Pak Yusuf씨가 읽지 않으려하는가?)
2a) Mobil sedan ini tidak terbeli oleh kami karena harganya mahal sekali.

(가격이 비싸서 이 승용차를 우리가 살수 없다.)
 2b) Mobil sedan itu tidak dibeli oleh ayah karena AC-nya kurang bagus.
   (에어콘이 좋지 않아 이 승용차를 아버지는 사지 않았다.)

 1a), 2a) 문장의 terbaca, terbeli 동사의 접두사 {ter-}는 각기 동사의 가능성 수동 완료 상태를 나타낸다. 반면에 1b), 2b)는 수동 동사로서 의미적으로는 동작의 행위를 나타낸다. 따라서 위의 문장은 dapat di-를 사용한 수동태 문장으로 변환시킬 수 있다.

 1a) ⇒ Karena kecil sekali, tulisan di papan tulis itu tidak dapat dibaca oleh kami.
 2a) ⇒ Mobil sedan ini tidak dapat dibeli oleh kami karena harganya mahal sekali.

연습문제 2

문장을 비교하여 문맥에 맞는 (ter-, di-) 형태의 동사를 적고 해석하시오!

1 a. Saya hanya pegawai biasa. Mobil BMW tidak (beli).
  b Buku-buku itu sudah (beli) tapi belum dibaca.

2 a. Film ini tidak boleh (lihat) anak-anak.
  b. Barang-barang di dalam rumah (lihat) dari luar.

3 a. Buku bahasa Inggris ini tidak (baca) anak-anak.
  b. Tulisan di barang antik itu tidak (baca) lagi karena tidak jelas.

4 a. Ledakan bom itu (dengar) dari rumah kami.
  b. Kata-kata dia jangan (dengar)!

5. Saya tidak bisa percaya, mobil yang sudah rusak itu (jual) dengan harga yang cukup tinggi.

6. Meja itu tidak (angkat) oleh anak-anak.

3) 완료상태

> - Pintu itu terbuka. (그 문은 열려있다.)
> - Kamar tidur dia terkunci. (그의 침실은 잠겨있다.)
> - Saya terpaksa belajar Bahasa Indonesia. (나는 어쩔 수없이 인니어를 배우고 있다.)

※ 접두사 (ter-}와 결합되어 완료성 상태를 나타낼 때는 일반적으로 접두사 {di-}를 사용하는 일반 수동태와는 달리 접미사 {-i} 혹은 {-kan}은 생략된다.

1a. - Penduduk setempat tidak akan terpengaruh oleh rencana pemenrintah.
 b. - Penduduk setempat tidak akan dipengaruhi oleh rencana pemerintah.

2a. - Kamu memang mudah terpesona oleh bintang film.
 b. - Kamu memang mudah dipesonakan oleh bintang film.

※ 비 교 ※

1a) Tempat tidur kami terbuat dari kayu Mahogani.
  (우리의 침대는 마호가니 나무로 만들어져 있다. / 상태성)
1b) Tempat tidur kami dibuat oleh tukang kayu itu.
  (우리의 침대는 그 목수가 만들었다./행위)
2a) Kota Jakarta terletak di Pulau Jawa. (자카르타 도시는 자바섬에 놓여 있다./상태)
2b) Kacamata saya diletak(-kan) di mana? (내 안경을 어디다 놓았지?/행위)

1a), 2a) 문장 내에 있는 terbuat, terletak은 주어의 완료상태를 의미하는 반면 수동문에서의 dibuat과 diletak은 목적어를 강조하면서 여전히 행위자의 동작성을 나타낸다.

연습문제 3

두 문장을 비교하여 문맥에 맞는 동사 {ter-}, {di-}, {meN-} 형태를 넣고 해석하시오!

1a. Tentu saja banyak nyamuk! Jendelanya (buka) sepanjang malam.
 b. Panas sekali. Tolong jendelanya (buka).

2a. Kami tidak tahu siapa tetangga kami karena pintu rumah mereka selalu (tutup).
 b. Kamu tidak perlu turun dari mobil. Pintu rumah bisa (tutup) penjaga.

3a. Lemari bukunya (kunci), jadi kami tidak bisa mengambil buku itu.
 b. Apa Anda tahu lemari buku ini (kunci) siapa?

4a. Peraturan itu (tulis) sendiri oleh Pak Menteri.

 b. Lihat! Peraturan itu (tulis) di dalam surat ini.

5a. Saya tidak bisa bekerja karena dering telepon selalu (ganggu) saya.

 b. Maaf, kalau Anda (ganggu) oleh suara radio saya.

6a. Kamus saya (letak) di mana?

 b. Kota Surabaya (letak) di mana?

4) 무의식적인 급작스런 일 혹은 예상치 않았던 사건;

 Kami sangat terkejut ketika dia mengatakan bahwa dia akan menikah.
 (그가 결혼 한다는 말을 했을 때 우리는 깜짝 놀랐다.)
 Mereka tertawa mendengar cerita saya.
 (그들은 내 이야기를 듣고 껄껄 웃었다.)
 Dia tersenyum ketika kami memanggil namanya.
 (그는 우리가 그의 이름을 불렀을 때 미소를 지었다.)

※ 비 교 ※

 1a. Dia terbangun oleh suara ledakan bom itu.
   (그는 폭탄 폭발소리에 (갑작스레/놀라서) 깼다.)
 1b. Dia bangun untuk memberi susu kepada anaknya.
   (그는 아이에게 우유를 주려고 잠에서 깼다.)

1a. 문장속의 동사 terbangun은 자신의 의사가 아닌 타에 의한 갑작스런 동작의 발생을 의미하는 반면 bangun은 주어 자신의 의지에 의한 동작을 의미한다.

2. Tetangga saya masuk rumah sakit karena (jatuh / terjatuh) dari mobil.

위의 문장에서 동사의 형태는 화자의 표현 방법에 따라 jatuh 혹은 terjatuh 모두 가능한데 그 이유는 단순한 서술적인 혹은 당연한 일로 "떨어지다, 넘어지다, 쓰러지다"의 의미로 표현 했다면 jatuh요 "갑작스레 예상치 않게 일어난 일 / 의도하지 않은"이란 의미로는 terjatuh를 사용할 수 있을 것이다. 정확한 형태의 동사는 문맥의 전후 사정에서 결정될 수 있을 것이다.

아래의 두 문장을 비교해 보면, a) 문장은 일반적인 서술 혹은 jauth란 동작의 당연성을 의미하고 b) 문장은 의도하지 않은 사고를 의미한다.

a) Karena kurang berhati-hati, adik jatuh dari sepeda di turunan ini.
(주의하지 않아서 동생은 내리막 길에 자전거에서 떨어졌다.)

b) Ketika naik tangga di gedung itu, aku terjatuh karena pegangan pada tangga rusak. (그 건물의 계단을 오를 때, 나는 계단 손잡이가 망가지는 바람에 넘어졌다.)

연습문제 4

두 문장을 비교하여 문맥에 맞는 동사 형태를 넣고 해석하시오!

(어근, ter-, meng-i, di-kan, meng-kan)

1a. Penonton (tawa) menonton acara komedi.
 b. Anak-anak nakal (tawa) orang gila di jalan itu.

2a. Dia membaca surat dari pacarnya sambil (seyum).
 b. Dia masuk ke kafe kopi dan (senyum) teman-temannya.

3a. Tadi malam saya (kejut) suara anjing tetangga di depan rumah.
 b. Kami sangat (kejut) ketika kami mengetahui berita itu.

4a. Kacamata saya pecah karena (jatuh) dari meja.
 b. Saya (jatuh) ketika turun dari bus.

5a. Anda masih (ingat) kejadian itu?
 b. Setiap kali saya mendengar lagu itu, saya (ingat) bekas pacar saya.

6a. Berita itu akan (kejut) keluarganya di kampung.
 b. Keluarganya di kampung sangat (kejut) mendengar berita itu.

5) 관형적으로 ter-를 붙여 부사 혹은 전치사로 사용하는 단어들도 있다;

> terlalu (매우, 너무); terlambat (늦게), terhadap (-에 대하여), terutama (우선적으로), termasuk (-을 포함하여)

6) {ter-/-kan} 혹은 {ter-/-i}는 {ter-}의 내포 의미 및 {-kan, -i} 의미를 함께 포함한다.

> Masalah itu belum diselesaikan oleh mereka.
> Masalah itu belum terselesaikan oleh mereka. (dapat di-)
> Soal kemacetan lalu lintas belum terpecahkan. (dapat di-)
> Blok-blok perdagangan regional tak terhindari lagi. (dapat di-)
> Diharapkan pencemaran limbah pabrik dapat teratasi.

7) 법적 용어로 극히 일부 명사로 사용된다.

> tersangka   피고, 의심받는 자 ;   terperiksa   조사받는 자
> terdakwa   피고   ;   tergugat   소송당한 자; 피고
> tertuduh   피고   ;   terhukum   처벌 받은 자, 형을 받은 자
> terpidana   형사범

종합 연습문제 1

아래 문장에 적합한 단어를 선택하시오!

1a. Ibu saya biasanya (bangun, terbangun) jam 5 pagi.
 b. Saya (bangun, dibangunkan, terbangun) tadi malam karena adik menangis.

2a. Pintu pagar Kedutaan Besar Singapura selalu (tutup, tertutup, ditutup).
 b. Para pengunjung harus segera keluar karena sebentar lagi pintu ruang pameran akan (tutup, ditutup, tertutup).

3a. Aduh, maaf Pak. Surat itu (dibuang, terbuang) kemarin.
 b. Sampah di belakang rumah sudah satu minggu tidak (dibuang, terbuang)

4a. Ketika kami tiba, kami melihat pintu rumah (buka, dibuka, terbuka).
 b. Surat ini jangan (buka, dibuka, terbuka) ya!

5a. Wah, saya tidak (ingat, diingat, teringat) nomor telepon kantor dia.

b. Masalah ini tidak perlu (ingat, diingat, teringat) lagi.

c. Dia sering (ingat, diingat, teringat) temannya yang telah meninggal kalau dia melewati jalan itu.

6a. Saya tidak bisa (tidur, tertidur) di dalam bus.

b. Adik terus menonton televisi sampai dia (tidur, tertidur).

7a. Meja antik itu (terbuat, dibuat) dari kayu.

b. Ada sebuah meja kecil di kamar makan yang sengaja (terbuat, dibuat) untuk anaknya.

8a. Kalau majalah itu mau (terambil, diambil), silakan.

b. Maaf, bukumu yang di atas meja kemarin (terambil, diambil) oleh saya.

9a. Wah, buku ini sang at mahal karena (tercetak, dicetak) di luar negeri.

b. Buatlah kalimat dengan kata yang (tercetak, dicetak) tebal.

10a. Kue yang besar itu pasti tidak (termakan, dimakan) sampai habis oleh anak kecil.

b. Kue yang di dalam lemari itu jangan (termakan, dimakan) ya!

11a. A; Anda melihat nama saya?

B; Itu, yang (ditulis, tertulis) dengan huruf besar.

b. Perhatikan, semua nama harus (ditulis, tertulis) dengan huruf besar.

12a. Bajunya (terbungkus, dibungkus) baik-baik ya.

b. Bajunya masih (terbungkus, dibungkus), belum dibuka.

13a. Jangan (duduk, terduduk) di situ. Itu tempat tidur.

b. Ibu itu jatuh (duduk, terduduk) ketika mendengar anaknya mendapat kecelakaan.

14a. Bir kakak (minum, diminum, terminum) oleh adik karena warna bir itu seperti teh.

b. Obat ibu (minum, diminum, terminum) adik.

c. Jangan pula (minum, diminum, terminum) obat ini nanti malam!

15a. Tas ini berat sekali. Saya pikir tidak akan (diangkat, terangkat) oleh anak kecil dan kurus itu.

b. Lemari yang berat itu dapat (diangkat, terangkat) oleh dia sendiri.

16a. Dalam kecelakaan itu, empat orang penumpang bus (dilempar, terlempar) ke luar.
  b. Karena marah sekali, semua barang suaminya (dilemparkan, terlempar) ke luar.

17a. Kamus Indonesia-Inggris jangan lupa (dibawa, terbawa)!
  b. A: Di mana ya surat itu?
     B; Mungkin (dibawa, terbawa) oleh Andi karena tadi saya melihat surat itu ada di dekat bukunya.

18a. Karena kecil sekali, tulisan di papan tulis itu tidak (dibaca, terbaca) oleh kami.
  b. Kenapa laporan ini tidak mau (dibaca, terbaca) Pak Toto?

19a. Apa uang dolar ini bisa (ditukar, tertukar) dengan rupiah? Berapa kursnya hari ini?
  b. Kaus kaki kita (ditukar, tertukar) karena warnanya sama. Yang mana saya punya?

20a. Boleh saya (mengganggu, terganggu) bapak sebentar?
  b. Maaf, kalau Anda (mengganggu, terganggu) oleh keributan anak saya.

종합 연습문제 2

아래 문장들에 내포된 동사의 ter- 의미를 설명하시오!

1. Mobil BMW tentu saja tidak terbeli oleh pegawai seperti saya.
2. Tetangga saya masuk rumah sakit karena terjatuh dari mobil.
3. Dia adalah karyawan terajin di kantor kami.
4. Dia hidup terpisah dari keluarganya karena harus bekerja di Indonesia.
5. Karena sangat lelah, saya tertidur di kelas
6. Saya tidak dapat membaca dengan baik karena kacamata saya tertinggal di rumah.
7. Komputer itu tidak terbawa oleh pencuri itu karena terlalu berat dan besar.
8. Pintu kamar atasan saya tidak pernah terbuka.
9. Tulisan yang sangat kecil itu tidak terbaca oleh saya.
10. HUFS terletak di Leemun-Dong, Seoul.
11. Kue ini terbuat dari apa?
12. Apa nama gedung tertinggi di Jepang?
13. Ketika anak saya sakit, dia sering terbangun karena badanya panas sekali.

14. Bawaannya banyak sekali. Pasti tidak akan terbawa semua.
15. Bayi itu menangis karena dia jatuh terduduk.
16. Senayan City adalah pertokoan termahal di Jakarta.
17. Yuksam Bulding terlihat dari Namsan.
18. Karyawan terajin tahun ini akan deberikan bonus satu bulan gaji.
19. Ketika dia memberikan saya kue itu, tiba-tiba saya teringat ibu saya di Korea karena dia sering membuatkan saya kue yang sama.
20. Rumah di Pondok Indah belum terjual sampai sekarang. Mungkin dia meminta harga yang terlalu tinggi!

Pelajaran 12

접사 {ke-an}

1. 기능	동사, 형용사, 명사와 결합하여 자동사로 사용된다.
2. 의미	1. 명사의 의미 - 추상명사 - 명사와 결합하여 확대된 어근 명사의 의미 - 장소 혹은 지역의 의미 2. 자동사로 다양한 의미를 내포함

1. 동사 기능

접사 {ke-an}은 형용사, 동사, 명사와 결합하여 동사로서 서술어로 아래와 같은 의미를 갖는다.

1) 주어가 형용사와 결합하여 '어근 의미의 고통을 느끼다/겪다' 혹은 '심하게 어근의 의미를 느끼다' 혹은 '참을 수 없을 정도로 힘들게 느끼다. 그래서 견디기 힘들다'란 부정적인 의미를 갖는다.

- Pengemis itu kelaparan karena tiga hari tidak makan.
  (그 거지는 3일간 먹지못해서 몹시 배고파 한다.)
- Kami tentu saja kepanasan di ruang tertutup yang tidak ber-AC itu.
  (우리가 에어콘이 없는 밀폐된 방에서 더워 힘든 것은 당연하다.)

예 kelaparan : 배고픔을 고통을 느끼다/ 몹시 배고픔을 느끼다
kehausan : 갈증을 느끼다/ 갈증을 몹시 느끼다
kepanasan : 더위/뜨거움을 느끼다/너무 더움을 느끼다
kedinginan : 추위의 고통을 느끼다/추위를 몹시 느끼다
kesakitan : 아파 죽을듯하다/ 몹시 아프다
ketakutan : 두려움에 떨다/무서워 못 견디다

※ 위의 형용사와 같은 맥락으로 형용사가 {ke-an}과 결합하여 문맥에 따라 '조금, 너무, 매우'의 의미로 갖기도 한다. 따라서 위의 예와 마찬가지로 문장의 내적인 의미는 '너무 --해서 --하지 못하다'란 부정적인 뜻을 갖기도 한다.

- Baju ini kebesaran untuk anak saya. Ada yang lebih kecil?
  (이 상의는 나의 아이에게 너무 커요. 더 작은 것 있어요?)
- Sop ini keasinan bagi saya. (이 국은 내게 너무 짜서 못 먹겠다.)
- Sikap dia benar-benar keterlaluan. Dia mempermalukan saya di pesta itu.
  (그의 태도는 정말 너무 지나치다. 그는 그 파티에서 나를 창피하게 만들었다.)

예 kekecilan (terlalu kecil) : 너무 작다
kebesaran (terlalu besar) : 너무 크다
kesempitan (terlalu besar) : 너무 좁다, 너무 꽉 끼다, 너무 빈틈이 없다
kelonggaran (terlalu longgar) : 너무 헐렁하다, 너무 느슨하다
keasinan (terlalu asin) : 너무 짜다
kemanisan (terlalu manis) : 너무 달다
kelelahan (terlalu lelah) : 너무 피곤하다, 너무 힘이 없다
kepedasan (terlalu pedas) : 매워 죽다/견디기 힘들 정도로 맵다

※ ke- + 색을 나타내는 형용사 + -an (다양성을 나타냄)

kemerah-merahan   불그스레한
kehitam-hitaman   거무죽죽한
kehijau-hijauan   파르스름한
kebiru-biruan   푸른색이 감도는
kekuning-kuningan 노르스름한

연습문제 1

아래 문장에 적합한 단어를 선택하고 해석하시오!

1) a. Boleh saya makan sekarang? Saya sudah (lapar, kelaparan).
   b. Tidak ada makanan selama tiga hari.
      Kami hampir mati karena (lapar, kelaparan).

2) a. Akhirnya kami terpaksa membuka baju karena (panas, kepanasan).
   b. Badannya sedikit (panas, kepanasan). Mungkin dia harus makan Panadol.

3) a. Film "괴물" penuh darah. Apa kamu tidak (takut, ketakutan)?
   b. Dia sampai-sampai tidak bisa berbicara karena (takut, ketakutan).

4) a. Orang itu langsung menghabiskan tiga gelas air karena (haus, kehausan).
   b. Minumlah coca cola ini kalau kamu (haus, kehausan).

5) a. Boleh saya mematikan AC?. Saya merasa sedikit (dingin, kedinginan).
   b. Saya memakai enam lapis pakaian karena saya (dingin, kedinginan).

6) a. Di Amerika ada masalah (gemuk, kegemukan) atau yang dikenal obesitas.
   b. Menurut dia, istri yang cantik adalah istri yang (gemuk, kegemukan).

7) a. Dia langsung menghabiskan dua gelas air karena (pedas, kepedasan).
   b. Istri saya tidak bisa menikmati makanan (pedas, kepedasan).

8) a. Pasien itu menjerit-jerit karena (sakit, kesakitan).

9) b. Wah, jus ini (manis. kemanisan) sekali.

10) a. Wah, kopi ini (pahit. kepahitan). Tolong tambah air panas sedikit!

11) b. Sepatu ini (kecil, kekecilan) untuk kaki saya. Ada ukuran yang lebih (besar, kebesaran)?

12) Baju ini (besar, kebesaran) sekali untuk anak saya. Ada ukuran yang lebih(kecil, kekecilan)?

13) Uangnya (kurang, kekurangan) Rp. 5.000,00 Pak!
    Kami terpaksa kembail ke rumah karena (kurang, kekurangan) uang.

14) Kami tentu saja akan tinggal di Grand Hyatt kalau kami (lebih, kelebihan) uang.
    Uang Anda (lebih, kelebihan) Rp. 500,00. Besok akan saya kembalikan.

2) 동사 혹은 명사와의 결합

※ 동사 혹은 명사와 결합하여 행위자 주어가 '의도/희망하지/즐겁지 않은' 어근의 뜻을 '겪다/당하다'의 의미를 갖는다. 이 때 문장 구조는 다음과 같다.

주어	+	서술어	±	보어	±	부사어
Saya Yura Dia		kehilangan kecurian ketahuan		cincin. tas. ∅		(oleh) ayahnya.

kehilangan	:	잃어버리다
kehabisan	:	다 없어지다/다 써버리다
ketularan	:	감염되다, 전염되다
keracunan	:	(독극물에) 중독되다
kecanduan	:	(마약에) 중독되다
ketulangan	:	(생선/동물) 뼈/가시가 목에 걸리다
ketagihan	:	약물에 중독되다, 나쁜 습관에 빠지다
kejatuhan	:	넘어지다, 자빠지다, 쓰러져 피해 입다.
kecurian	:	도둑맞다
kecopetan	:	소매치기 당하다
ketinggalan	:	남게되다/남겨지다, -을 놓치다
kedatangan	:	(기대하지 않았던 손님)의 방문을 받다
kedapatan	:	발견되다, 알려지다, 들키다
kebanjiran	:	물난리'를 당하다, 침수되다. 범람되다
kehujanan	:	비를 맞다

- Saya kehilangan jam tangan. (나는 손목시계를 잃어버리다.)
- Saya kecopetan (dompet) di bus. (나는 버스에서 (지갑) 소매치기 당했다.)
- Dia kematian istrinya. (그는 부인의 죽음으로 고통을 겪다.)
- Kalau konsernya selesai jam 11 malam, saya pasti kemalaman di jalan. (콘서트가 밤 11시에 끝나면 나는 틀림없이 길에서 한밤을 맞을 거다.)
- Hampir tiap hari dia bangun kesiangan. Oleh karena itu, dia selalu datang terlambat. (거의 매일 그는 대낮에 일어난다/늦잠 잔다. 그래서 그는 항상 늦는다.)

3) 감각동사에 제한되어 '보이다, 들리다'의 의미

kelihatan	⇒	terlihat/dapat dilihat	(보이다)
kedengaran	⇒	terdengar/dapat didengar	(들리다)
katahuan	⇒	dapat diketahui	(알려지다, 알다)

- Gedung itu kelihatan dari sini. (그 건물은 여기서 보인다.)
- Suara gurunya kedengaran di kelas kami.
  (선생님의 목소리가 우리 교실에서 들린다.)

4) 제한되어 나타나지만 '어근의 의미보다 지나친' 뜻을 가진다.

kemalaman	⇒	너무 늦은 밤/한 밤을 맞이하다
kesiangan	⇒	늦잠자다
kepagian	⇒	너무 이른 아침을 맞이하다

연습문제 2

1) Kami tidak dapat tinggal di hotel karena kami (habis, kehabisan) uang.
   Kami tidak dapat tinggal di hotel karena uang kami (habis, kehabisan).
2) Anak kami (tinggal, ketinggalan) di hotel selama kami berbelanja.
   Anak kami (tinggal, ketinggalan) karena kami terburu-buru.
3) Kami (hilang, kehilangan) anak di tempat yang ramai itu.
   Anak kami (hilang, kehilangan) di tempat yang ramai itu.
4) Berapa jam kamu (tidur, ketiduran) tadi malam?
   Dia (tidur, ketiduran) ketika menonton televisi tadi malam.
5) Tadi malam penciri (masuk, kemasukan) ke dalam rumah kami.
   Tadi malam rumah kami (masuk, kemaskan) pencuri.
6) Berapa orang yang (datang, kedatangan) di pesta itu?
   Di pesta itu mereka (datang, kedatangan) tamu yang tidak diharapkan.
7) Anjingnya sudah lama (mati. kematian).
   Dia menangis karena (mati, kematian) anjingnya.
8) Apa saja yang dapat (menularkan, ketularan) penyakit hepatitis?
   Saya sudah (menularkan, ketularan) flu dari dia.

9) Orang itu (mencopet, kecopetan) penumpang di dalam bus.
   Karena tidak hati-hati, penumpang itu (mencopet, kecopetan) di dalam bus yang sangat penuh itu.
10) Ledakan bom itu (mendengar, kedengaran) sampai di sini.
    Kami dapat (mendengar, kedengaran) ledakan bom itu dari sini.
11) Dari lantai 20 kami dapat (melihat, kelihatan) kota Jakarta.
    Kota Jakarta (melihat, kelihatan) dari apartemen kami.

2. 명사 기능

1) 형용사와의 결합: 추상명사

cantik	(아름답다)	⇒	kecantikan	(미; 아름다움)
ramah	(예의바르다)	⇒	keramahan	(예의바름; 성격이 원만함)
cepat	(빠르다)	⇒	kecepatan	(빠름; 속도)
baik	(좋다)	⇒	kebaikan	(좋음; 선)
bodoh	(어리석다)	⇒	kebodohan	(어리석음; 멍청함)
jujur	(정직하다)	⇒	kejujuran	(정직함)
puas	(만족하다)	⇒	kepuasan	(만족)

- Bali indah. Keindahan Bali terkenal di seluruh dunia.
  (발리 섬은 아름답다. 발리 섬의 아름다움은 전 세계에 알려져 있다.)
- Indra khawatir. Kami semua tahu kekhawatiran Indra.
  (인드라는 두려웠다. 우리 모두는 인드라의 두려움을 알고 있다.)

2) 동사와의 결합 : 추상명사

berangkat	(출발하다)	⇒	keberangkatan	(출발)
datang	(오다)	⇒	kedatangan	(옴; 도래)
hidup	(살다)	⇒	kehidupan	(삶)
lahir	(태어나다)	⇒	kelahiran	(출생)
mati	(죽다)	⇒	kematian	(죽음)
pergi	(가다)	⇒	kepergian	(출발; 비유적 표현 떠남, 죽음)
ada	(있다)	⇒	keadaan	(존재)

- Sejak kematian istrinya, beliau itu jatuh sakit.
  (부인의 죽음 이후 그 분은 병이 났다.)

3) 부사와의 결합 : 추상명사

mungkin	(가능한; 아마도)	⇒ kemungkinan	(가능성)
perlu	(필요한)	⇒ keperluan	(필요; 당연; 이익; 중요성)
harus	(반드시 -하다)	⇒ keharusan	(당연성)

4) 명사와 결합하여 어근의 의미와 관련된 일들 혹은 광범위한 전체적인 의미

agama	⇒	keagamaan	(종교와 관련된 사항들)
bahasa	⇒	kebahasaan	(언어와 관련된 사항들)
wanita	⇒	kewanitaan	(여성과 관련된 일들; 여성 문제들)
bangsa	⇒	kebangsaan	(종족과 관련된 사항들)
manusia	⇒	kemanusiaan	(인간과 관련된 일체의 일들)
budaya	⇒	kebudayaan	(문화와 관련된 일체의 일들)

5) 부정사와의 결합 : 추상명사

tidak jujur	⇒ ketidakjujuran	(부정직)
tidak efisien	⇒ ketidakefisienan	(무효능)
tidak puas	⇒ ketidakpuasan	(불만)

6) 어근이 의미하는 바의 장소 혹은 지역

lurah	(동장)	⇒ kelurahan	(동지역; 동사무소)
duta	(대사)	⇒ kedutaan	(대사관)
presiden	(대통령)	⇒ kepresidenan	(대통령 집무 혹은 거주지)
menteri	(장관)	⇒ kementerian	(장관 업무/사무실 지역/영역)
raja	(왕)	⇒ kerajaan	(왕국)

연습문제 3

1) Di daerah itu pasti ada (banjir, kebanjiran) tiap musim hujan.
   Daerah itu pasti (banjir, kebanjiran) tiap musim hujan.

2) Hati-hati! Gas itu mengandang (racun, keracunan).
   Kalau anda (racun, keracunan) makanan laut, cepat-cepat minum obat ini.

3) (hujan, kehujanan) yang sangat besar tiba-tiba turun.
   dia sakit karena (hujan, kehujanan) kemarin malam.

4) Hari sudah (siang, kesingan) tapi dia belum bangun.
   Dia terlambat karen tadi pagi bangun (siang, kesiangan).

5) Cepatlah pulang! Jangan (malam. kemalaman)!
   Dia biasa bekerja sampai (malam. kemalaman) sekali!

종합 연습문제 1

1. 아래 각 항의 문장을 비교하여 적합한 {어근} 혹은 {ke-an} 형태의 단어를 넣고 해석하시오!

   1. a) Mobil itu (cepat) sekali.
      b) Berapa (cepat) mobil itu?

   2. a) Hati-hati! Di sana banyak orang (jahat).
      b) Saya sedang membaca artikel tentang (jahat) di Jakarta.

   3. a) Bank kami mau pegawai yang (jujur).
      b) Polisi sedang memeriksa (jujur) orang itu.

   4. a) Sultan Brunei orang yang paling (kaya) di seluruh dunia.
      b) (Kaya) Sultan Brunai luar biasa.

   5. a) (mungkin) pindah ke Surabaya tahun depan.
      b) Pasien itu masih ada (mungkin) hidup.

   6. a) Kantor kami (perlu) lima pegawai baru.
      b) Saya pulang lebih cepat karena ada (perlu) pribadi.

   7. a) Maaf, jawaban anda (salah).
      b) Ada banyak (salah) dalam laporan itu.

   8. a) Kapan mereka (berangkat) ke Medan?
      b) Kami sedang menunggu (berangkat) pesawat kami.

   9. a) Kapan tamu-tamu dari Jepang itu (datang)?
      b) Kami belum tahu tanggal (datang) mereka.

10. a) Apa saya (harus) memberi dia uang?

    b) Oh, tidak (harus). Tidak ada (harus) memberi uang.

11. a) Apa kita bisa (hidup) di negara seperti Antartika?

    b) Tentu saja bisa. Sudah mendengar cerita tentang (hidup) orang-orang Eskimo di sana?

12. a) Banyak pembeli (tidak puas) dengan kualitas motor Cina.

    b) Banyak keluhan yang kami terima karena (tidak puas) pembeli.

종합 연습문제 2

아래 문장에 적합한 {어근} 혹은 {ke-an} 형태를 넣고 해석하시오!

1. Kalau Anda (lapar), Anda boleh makan di sini.
2. Udara pada awal musim gugur tidak terlalu (dingin).
3. Banyak penduduk yang mati (lapar).
4. Anak saya masuk angin karena dia (hujan) tadi malam.
5. Ukuran baju ini (kecil) untuk saya.
6. Kertas foto kopi sudah (habis).
7. Pada musim dingin yang akan datang, akan semakin banyak pengungsi perang yang mati (dingin).
8. Jakarta kota yang ramai, padat, dan (panas) sekali.
9. Pembangunan gedung olahraga terhenti karena (habis) dana.
10. Dibandingkan dengan rumah saya, rumahnya (kecil) sekali.
11. Tadi malam (hujan) turun di daerah itu saja, tidak di daerah kami.
12. Kalau AC mati, kamu semua biasanya akan (panas).
13. Pada musim hujan (banjir) sering terjadi di daerah itu.
14. Saya (takut) sekali dengan ayah saya kalau beliau sedang marah.
15. Wah, Rp 50.000,00 masih (kurang), Pak! Harga barang itu Rp 65.000,00
16. Kasihan sekali. Anak itu menangis karena (sakit).
17. Penduduk yang rumahnya (banjir) dipindahkan ke tempat yang lebih aman.
18. Sepatu ini (besar) untuk saya. Ada ukuran yang lebih kecil?
19. Tubuhnya gemetar karena (takut).
20. Saya langsung (sakit) perut sesudah makan kue itu.
21. Perpustakaa kami (kurang) buku-buku baru.

22. Dia (tinggal) karena terlalu sering absen.
23. Kami bisa (dengar) suara piano dari rumah tetangga.
24. Delegasi Belanda juga akan (datang) menghadiri konferensi itu.
25. Bus sekolah akan (tinggal) murid-murid yang datang terlambat.
26. Rumah Pak Bambang (masuk) pencuri kemarin pagi.
    Semua barang berharga diambil oleh pencuri itu.
27. Suara guru saya yang besar itu (dengar) sampai di lantai empat.
28. Dompet saya (hilang) di tempat yang sangat ramai itu.
29. Lihat, Monumen Nasional (lihat) dari sini!
30. Malam itu banyak pegawai yang tidak dapat pulang dan akhirnya mereka (tidur) di kantor.
31. Anak itu berubah menjadi pendiam sejak dia (mati) ibunya.
32. Kami (datang) tamu yang tidak diundang.
33. Indonesia (bajir) kendaraan beroda dua dari Cina.
34. Hari ini dia tidak (masuk) kantor karena harus menjemput tamu dari Korea.
35. Teh ini (manis). bisa diganti yang lain?
36. Mereka (hilang) anak di bazar yang sangat ramai itu.
37. Saya (tidur) selama sepuluh menit dalam konser musik klasik itu.
38. 정연 sedih sekali. Anjing yang sangat dia sayangi (mati).
39. Karim menghabiskan dua botol air karena (pedas).
40. Turis asing itu (copet) di dalam bus.
    Dia tidak ada uang lagi untuk kembali ke hotel.
41. Anjingnya mati karena makan (racun) yang dia siapkan untuk tikus.
42. Bukan main, sambal ini (pedas) sekali!
43. Hati-hati! Orang itu mau (copet) dompet Anda.
44. Pemeriksaan dokter menunjukkan bahwa penduduk di daerah itu (racun).
45. Dia harus mengurangi makanan (manis).
46. Hari sudah (malam) ketika mobil kami memasuki kota Yogyakarta.
47. Transfusi darah, jarum suntik, dan hubungan seks dapat (tular) penyakit.
48. Batuk dan pilek kamu sudah (tular) aku.
49. Pasien itu (tular) AIDS lewat transfusi darah.
50. Saya (dapat) dia sedang membuka laci meja saya.
51. Dia (dapat) sedang membuka laci meja saya.
52. Ayo, cepat pulang sekarang! Kalau tidak, kamu akan (malam) di jalan.

Pelajaran 13

접사 {ber-/-an}

1. **기 능 :** 자동사를 만든다

2. **의 미 :**

1) 어근의 의미의 연속 동작(주어가 복수를 이룬다)

bermunculan	많은 사람들이 나타나다; 줄줄이 나타나다
berjatuhan	많은 사람들이 넘어지다; 줄줄이 넘어지다/쓰러지다
berdatangan	많은 사람들이 오다; 줄줄이 오다
berguguran	많은 사람들이 쓰러지다; 줄줄이 쓰러지다(죽다); 줄줄이 떨어지다

- Orang berhamburan keluar. (사람들이 밖으로 쏟아져 나오다; 우르르 몰려나오다)
- Orang berlarian ke luar rumah untuk menyelamatkan diri.
  (사람들이 자신을 보호하기위해 줄줄이 뛰어 나오다)
- Buah mangga yang bergelantungan itu memang sengaja dibiarkan matang di pohon. (주렁주렁 매달려 있는 망가 열매를 일부러 나무에서 익도록 내버려 두었다.)

2) 어근의 의미의 불규칙적인 반복 동작 혹은 동작의 다양성

berloncatan	점프 해 대다; 줄줄이 뛰다
berlarian	계속 달리다; 이리 저리 뛰어다니다
bergulingan	계속 구르다; (berguling-guling); 대굴대굴 구르다

- Daun in gugur ditiup angin.
- Daun-daun berguguran ditiap angin. (줄줄이 떨어지다)
- Sebelum jam 8 malam, belum ada tamu yang datang.
- Sesudah jam 8 malam, tamu satu per satu mulai berdatangan. (줄줄이 오다)
- Mendengar teriakan "Copet! Copet!" satu penumpang bus melompat ke luar.
- Mendengar teriakan "Copet! Copet!" semua penumpang bus berlompatan ke luar.
  (계속 뛰어 나가다)

3) 어근 의미의 상호동작 (주어가 복수를 이루거나 전치사 dengan을 사용할 수 있다.)

berkiriman	서로 보내다
berpandangan	서로 쳐다보다
bersindiran	상호 비방하다
berpukulan	서로 때리다/치고 박다

- Anak-anak itu berkelahi berpukulan. (서로 때리며)
- Kami bersalaman dengan peserta lain. (서로 인사하다)
- Tono memeluk Tini. Tini memeluk Tono.
- Tono berpelukan dengan Tini. (서로 포옹하다)
- Mereka berpelukan.
- Tono berpacaran dengan Tini. (서로 연인관계다)
- Mereka berpacaran.

※ 상호 동작의미를 갖는 형태로는 다음과 같은 3가지 유형이 존재한다;

1. ber + 어근의 반복 + an berpeluk-pelukan(berpelukan); bersalam-salaman(bersalaman)
2. 어근 + meng- pukul memukul, tolong menolong, tembak-menembak
3. saling + 동사 saling mencintai (cinta-mencintai);
   saling membantu (bantu-membantu);
   saling menghormati (hormat-menghirmati)

※ 접사 ber-/-an은 외관상으로는 같은 형태이지만 실제는 아래와 같이 서로 다른 두 가지 유형으로 나타난다;

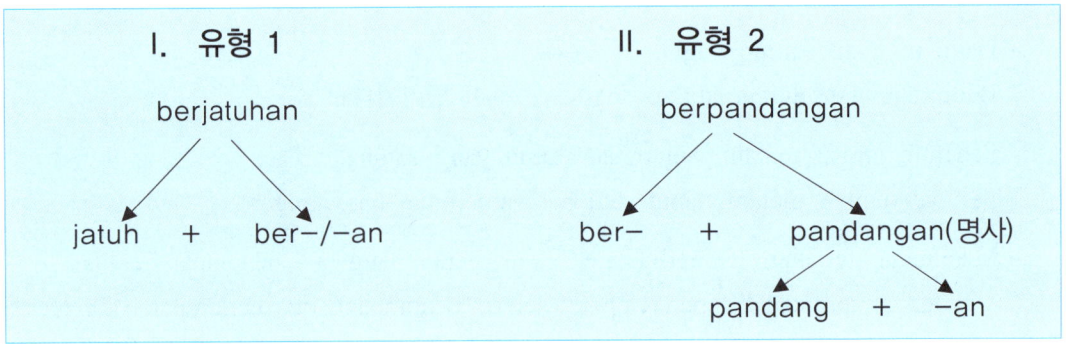

Ber-/-an + 어근		ber- + 명사(접미사 -an을 취한 파생명사)		
jatuh	berjatuhan	pandang	pandangan	berpandangan
datang	berdatangan	wajib	kewajiban	berkewajiban
pergi	bepergian	biasa	kebiasaan	berkebiasaan
muncul	bermunculan	didik	pendidikan	berpendidikan
mekar	bermekaran	percaya	kepercayaan	berkepercayaan
jauh	berjauhan	kurang	kekurangan	berkekurangan
kenal	berkenalan	tampil	penampilan	berpenampilam
sentuh	bersentuhan	alam	pengalaman	berpengalaman
hubung	berhubungan	atur	aturan	beraturan
tebar	bertebaran			
sahut	bersahutan			

대화(Percakapan)

A : Naik apa ke sini? Bus?
B: Saya tidak pernah dan tidak akan pernah naik bus.
　　Penumpang berdesakan. Tukang copet berkeliaran. Siapa mau?
A: Benar. Saya melihat orang-orang masih berlari mengejar bus.
　　Walaupun penumpang telah bergantungan di pintu. Berbahaya sekali.
B: Ya, beginilah hidup di Jakarta. Orang bahkan harus bersaingan di tengah jalan.

berdesakan: 서로 밀치다　　　　　　berkeliaran: 돌아다니다
bergantungan: 이리저리 매달리다　　bersaingan: 서로 경쟁하다, 서로 다투다

연습문제 1

적합한 단어 형태를 넣으시오!

1a. Saya tidak (kenal) orang itu. Dia siapa?
 b. Saya rasa kita belum (kenal)? Kenalkan, saya Won-Je.
2a. Waktu itu dia (salam) tangan saya dengan ramah.
 b. Waktu itu saya melihat mereka sedang (salam).

3a. Dia (pegang) tangan saya dengan sangat erat.

b. Mereka berjalan sambil (pegang) tangan. Mesra sekali.

4a. Jangan (tatap) saya seperti itu.

b. Kedua petinju itu (tatap) sebelum bertanding.

5a. Mobilnya (tabrak) pohon di depan ruamh.

b. Mobil mereka (tabrak) di jalan tol itu.

6a. Gadis itu (gandeng) lengan pacarnya dengan manja.

b. Kedua anak itu berlari sambil (gandeng). Lucu sekali.

7a. Tetuko tidak sengaja (sentuh) lengan Ima.

b. You-Ra tersenyum malu-malu ketika lengan mereka (sentuh).

8a. Meja saya (hadap) meja dia. Jadi saya bisa melihat mukanya dengan jelas.

b. Waktu itu kami duduk (hadap), jadi saya bisa melihat mukanya dengan jelas.

9a. Dengan cepat Bimo (cium) bibir pacarnya.

b. Saya tidak pernah melihat orang Indonesia (cium) di depan banyak orang.

10a. Sebelum berangkat, Ibu (peluk) saya sambil menangis.

b. Kami (peluk) lama sekali, seakan-akan tidak akan bertemu lagi.

11a. Kantornya (jauh) dari rumah, makan waktu 2 jam naik bis.

b. Rumah kami (jauh), jadi kami jarang bertemu.

12a. Saya sering berbelanja di pasar itu karena (dekat) dari rumah.

b. Kantor kami (dekat), jadi kami sering makan siang bersama-sama.

13a. Hari ulang tahun pacar saya (tepat) dengan hari ulang tahun ibu saya.

b. Wah, kedatangan Anda tidak (tepat). Mereka sedang ke luar sekarang.

14a. Hubungan mereka sampai sekarang belum (baik).

b. Mereka sampai sekarang belum (baik). Masing-masing tidak mau menyapa.

15a. Palza Indonesia (seberang) dengan Hotel President.

b. Gedung BRI ada di (seberang) Universitas Atma Jaya.

16a. Ruang kelasnya (sebelah), jadi kami bisa mendengar suara dosen itu.

b. Dia selalu duduk di (sebelah) saya setiap kali kuliah.

17a. Dia (musuh) saya yang paling besar.

　b. Mereka tidak saling menegur. Sejak kapan mereka (musuh)?

18a. Saya (lari) secepat mungkin mengejar bis itu.

　b. Pengunjung mall langsung (lari) ke luar waktu mendengar sirene.

19a. Anak-anak jalanan (muncul) di perempatan itu.

　b. Tiba-tiba dia (muncul) di depan saya. Saya hampir mati kekagetan.

20a. Pekerja bangunan itu tewas karena (jatuh) dari lantai 10.

　b. Korban sudah (jatuh). Jumlahnya sudah mencapai 500 orang.

21a. Teman-temannya (datang) pada akhir minggu. Ada yang naik BMW, ada yang naik Mercy, ada yang naik Audi, ...

　b. Kenapa Toro dan Yanusa belum (datang) ya? sudah jam 8 sekarang.

22a. Indah sekali! Daun yang menguning (gugur) dan menutupi jalan.

　b. Saya mengambil daun yang (gugur) ini dan saya simpan di dalam buku.

23a. Aku terlalu gemuk, bagaimana bisa (lompat) selincah itu.

　b. Anak-anak itu (lompat) dengan gembira di dalam hujan.

24a. Dia sering (kirim) surat kepada saya dan saya selalu tidak lupa membalasnya.

　b. Kami sudah (kirim) surat sejak kami duduk di bangku Sekolah Dasar.

25a. Industri baja Indonesia tentu saja kalah (saing) dengan industri baja Korea.

　b. Kedua mahasiswa itu (saing) untuk mendapat nilai tertinggi.

26a. Lukisan yang (gantung) di dinding itu milik kakek saya.

　b. Seratus buah lampu kecil (gantung) di pohon yang tinggi dan besar itu.

27. Kamarnya berantakan sekali. Baju, buku, sepatu (serak) di lantai.

28. Ima (kejar) Yanto. Yanto berlari. Yanto (kerja) Ima. Ima dan Yanto (kejar).

29. Kami (pacar) ketika saya belajar di India.

30. Kami (hormat) tetangga.

Pelajaran 14
접두사 {Per- & PeN-}

I 접두사 {Per-}

1. 기능	동사, 형용사, 명사와 결합하여 파생명사를 만든다.
2. 형태	pel-, per-, pe-형태의 변이형을 갖는다.
3. 의미	어근이 의미하는 바의 행위자, 직업, 혹은 도구를 나타낸다.

명사형 파생접사 per-는 접두사 ber-형태의 자동사 파생접사와 밀접한 관계를 갖는다. 즉, 접두사 per-를 취하는 명사는 ber-동사에서 파생된 명사형 접두사이며 아래와 같은 변이형 접두사 pel-, per-, pe-형태를 가지며 의미는 다음과 같다.

1. 의 미

1) 행위자/업으로 하는 사람/직업

> pelajar (학생), petinju (권투선수), pedagang (상인), penyanyi (가수)

2) 도구/척도

> persegi (제곱), petunjuk (안내서; 지시서), pertanda (신호; 징후; 표시)

3) 어근의 행위를 받는 피동의 대상자

> pesuruh (피명령자; 명령수행자); petatar (연수자; 연수받는 사람)

2. 형태

1) pel- : 유일하게 pelajar의 형태에서만 나타난다.

> orang yang belajar ⇒ pelajar (공부하는 사람/학생)

2) per- : 일부 단어들에서 제한되어 나타난다.

> bertapa ⇒ pertapa (수도자)
> bersegi ⇒ persegi (제곱)
> bertanda ⇒ pertanda (표시)

3) pe- : 대부분의 ber- 접사는 /r/가 생략되어 나타난다.

> orang yang bekerja ⇒ pekerja (일하는 사람/노동자)
> orang yang beternak ⇒ peternak (축산업을 하는 사람/축산업자)
> orang yang bertani ⇒ petani (농사일을 하는 사람/농부)
> orang yang beserta ⇒ peserta (동반한 사람/동반자)
> orang yang bertinju ⇒ petinju (권투하는 사람/복싱선수)
> orang yang bertugas ⇒ petugas (임무가 있는 자/담당자)
> orang yang berdagang ⇒ pedagang (상업하는 사람/상인)
> orang yang disuruh ⇒ pesuruh (명령 받은 자)
> orang yang ditatar ⇒ petatar (연수생, 수련생)

※ /r/가 생략되어 pe-로 나타난 명사들은 다른 파생명사 per-/-an에서는 여전히 접사 Per-의 형태를 고수하고 있음을 알 수 있다.

> bertani ⇒ petani (농부) ⇒ pertanian (농업)
> bertinju ⇒ petinju (권투선수) ⇒ pertinjuan (복싱)
> berdagang ⇒ pedagang (상인) ⇒ perdagangan (상업)
> berjuang ⇒ pejuang (투쟁자) ⇒ perjuangan (투쟁)
> berjalan ⇒ pejalan (보행자) ⇒ perjalanan (여행)
> bermain ⇒ pemain (선수, 연주가) ⇒ permainan (놀이)
>
> 1. a. Dia bertapa di Gunung Kyeryong. (수도하다)
>   b. Pertapa itu sudah tua sekali. (도인, 수도자)
> 2. a. Aman berdagang kain. (장사하다)
>   b. Aman adalah seorang pedagang kain. (상인)

3. a. Kim-gisu bertinju dengan Santa Mario. (복싱을 하다)
   b. Kim-gisu adalah seorang petinju. (복싱 선수)
4. a. Amir bekerja di tokoh itu. (일하다)
   b. Amir salah seorang pekerja di tokoh itu. (작업자)
5. a. Pada hari ini Yanto bertugas malam. (근무를 하다)
   b. Petugas malam hari ini adalah Yanto. (근무자, 담당자)

※ 최근 스포츠용어에서 각 분야의 선수를 지칭하는데 접두사 pe-를 붙여 사용한다.

pegolf	(골프선수);	perenang	(수영선수);	pehoki	(하키선수);
pecatur	(채스선수);	peselancar	(펜싱선수);	pesenam	(체조선수);
pelari	(육상선수);	pegulat	(레슬링선수);	petaekwondo	(태권도선수);
peyudo	(유도선수);	pesepakbola	(축구선수)		

II 접두사 {Peng-}

1. 기능	동사, 형용사, 명사와 결합하여 파생명사를 만든다.
2. 형태	타동사를 만드는 접두사 meng-의 변화와 일치하며 pe-, pem-, pen-, peng-, peny-의 변이형을 갖는다.

3. 의미	1) peng- + 동사
	  - 어근 동사의 의미를 수행하는 사람 혹은 도구를 나타냄
	  - 어근 동사의 의미를 수행하는 직업이나 일을 행하는 사람을 나타냄
	  - 어근 동사의 의미를 좋아하거나 습관적으로 행하는 사람을 나타냄
	2) peng- + 형용사
	  - 어근인 형용사의 성격을 갖는 사람
	  - 어근 형용사의 의미를 쉽게 나타내 보이는 사람
	  - 어근 형용사의 상태를 야기 시키는 존재/도구/사람을 나타냄
	3) peng- + 명사 ⇒ 명사
	  어근 명사와 관련된 장소에서나 혹은 그와 관련된 일이나 행위를 하는 사람

1. 형 태

파생명사를 만드는 접두사 peng-은 타동사를 만드는 접두사 meng-에서 파생된 것으로 meng-의 비음화 현상에 따른 변이형 me-, men-, mem-, meng-, meny-와 같은 유형의 변이형인 pe-, pen-, pem-, peng-, peny-의 형태로 나타난다.

1) me- ⇒ pe-

merawat	⇒	perawat	(돌보는 사람, 간호사)
mewaris	⇒	pewaris	(유산을 상속해 주는 사람)
memarahi	⇒	pemarah	(화를 잘 내는 사람)
menyanyi	⇒	penyanyi	(가수)

2) mem- ⇒ pem-

membaca	⇒	pembaca	(독자)
membohongkan	⇒	pembohang	(거짓말쟁이)
memilih	⇒	pemilih	(선택자, 뽑는 사람)
memotong	⇒	pemotong	(자르는 사람, 자르는 도구)

3) men- ⇒ pen-

mencuri	⇒	pencuri	(도둑)
mencopet	⇒	pencopet	(소매치기)
mendengar	⇒	pendengar	(청자)
mendorong	⇒	pendorong	(미는 사람, 재촉하는 사람)
menjual	⇒	penjual	(판매인)
menjahit	⇒	penjahit	(재봉사)
menarik	⇒	penarik	(끄는 사람, 당기는 사람, 뽑는 도구)
menulis	⇒	penulis	(글쓰는 사람, 작가)

4) meng- ⇒ peng-

mengirim	⇒	pengirim	(발송인)
mengkhianat	⇒	pengkhianat	(비겁자, 배신자, 변절자)
menghitung	⇒	penghitung	(계산자, 계산하는 사람)
menggali	⇒	penggali	(파는 사람, 파는 도구)

mengambil	⇒	pengambil	(가져가는 사람)
mengantar	⇒	pengantar	(안내자)
menginap	⇒	penginap	(숙박자)
mengurus	⇒	pengurus	(관리자, 처리자)
mengedar	⇒	pengedar	(배달자, 배급자)

5) meny- ⇒ peny-

menyiarkan	⇒	penyiar	(전파자, 방송인)
menyaring	⇒	penyaring	(망, 거르는 도구)
menyerang	⇒	penyerang	(공격자)

2. 의미

접두사 {peng-}은 동사나 형용사와 결합하여 어근의 의미를 수행하는 사람이나 도구 혹은 성격을 내포한 사람을 나타낸다. 간간이 사람 혹은 도구의 뜻을 동시에 내포하고 있는 단어들도 있으며 이는 문맥에서 그의 의미를 파악해야할 것이다.

1) 어근 동사의 의미를 수행하는 사람 혹은 도구를 나타낸다.

membaca	⇒	pembaca	(읽는 사람, 독자)
mengikat	⇒	pengikat	(묶는 사람, 묶는 도구)
mengukur	⇒	pengukur	(계량기, 측량사)
mencegah	⇒	pencegah	(예방책, 예방제, 예방약)
memotong	⇒	pemotong	(절단기)
menolak	⇒	penolak	(해독제, 예방법)
menghapus	⇒	penghapus	(지우개)

- Wayan membersihkan papan tulis dengan penghapus baru. (지우개)
- Bendungan ini berfungsi juga sebagai pembangkit tenaga listrik. (발전기)
- Kau boleh menggunakan penyapu ini untuk membersihkan ruangan ini. (비)
- Tongkat pemukul bisbol itu menjadi patah dua. (때리는 도구)
- Siapa yang mematahkan penggaris itu? (자)

2) 어근 동사의 의미를 수행하는 직업이나 일을 행하는 사람을 나타낸다.

> memnyanyi ⇒ penyanyi (가수)
> melukis ⇒ pelukis (화가)
> menari ⇒ penari (무용수, 춤추는 사람)
> membantu ⇒ pembantu (도우미)
> menjaga ⇒ penjaga (경비)
> membawa ⇒ pembawa (가져온 사람)
> membaca ⇒ pembaca (독자, 읽는 사람))
> menulis ⇒ penulis (작가, 글쓰는 사람)
>
> - Pengarang buku itu masih muda. (작가)
> - Penonton sudah berkumpul satu jam sebelum pertandingan dimulai. (관객)
> - Ayah Mira seorang pelukis sterkenal di Indonesia. (화가)
> - Ateng berbakat sebagai pelawak sejak kecil. (광대)
> - Pembaca puisi itu suaranya sangat merdu. (독자)
> - Setiap pengemudi harus mengetahui peraturan lalu lintas. (운전자)

3) 어근 동사의 의미를 좋아하거나 습관적으로 행하는 사람을 나타낸다.

> meminum ⇒ peminum (음주가; 애주가, 술을 많이 마시는 사람)
> mendusta ⇒ pendusta (거짓말쟁이; 잘 속이는 자)
> membohongi ⇒ pembohong (거짓말쟁이; 잘 속이는 자)
> memarahkan ⇒ pemarah (화를 잘 내는 사람)
>
> - Akhirnya pendusta itu dijahui oleh teman-temannya. (거짓말 장이)
> - Peminum itu ditangkap polisi karena mengganggu orang lain. (주정꾼)
> - Masyarakat tidak mempercayai lagi politikus itu karena dia pembohong besar. (거짓말 장이)

4) pe + 형용사 ⇒ 명사/형용사 : 어근인 형용사의 성격을 갖는 사람

> pe + berani ⇒ pemberani (용감한 자)
> pe + malas ⇒ pemalas (게으름뱅이)
> pe + mudah ⇒ pemudah (젊은 이)
> pe + jahat ⇒ penjahat (악당; 악한)
>
> - Tidak heran Amir tidak naik kelas kerena ia pemalas. (게으름뱅이)
> - Hanya pemudah saja yang dapat mengikuti pesta olahraga ini. (젊은이)

5) 어근 형용사의 의미를 쉽게 나타내 보이는 사람

pe + diam	⇒	pendiam (조용한 사람)
pe + takut	⇒	penakut (겁쟁이)
pe + mabuk	⇒	pemabuk (술취한 자)
pe + marah	⇒	pemarah (화를 잘 내는 사람)
pe + lupa	⇒	pelupa (잘 잊는 사람)

- Gadis itu pendiam tetapi tidak sombong. (조용한 사람)
- Semua teman tudak menyukai Amir karena dia pemarah. (화를 잘 내는 사람)
- Karena terlalu penakut, siang hari pun Reni tidak mau ditinggal sendiri di rumah. (겁쟁이)

6) 어근 형용사의 상태를 야기시키는 존재/도구/사람을 나타냄

pe + sakit	⇒	penyakit (병균)
pe + sembuh	⇒	penyembuh (-를 회복시키는 약, 사람 등.)
pe + dingin	⇒	pendingin (냉방기)
pe + panas	⇒	pemanas (난방기)
pe + aman	⇒	pengaman (보호자, 듬직한 사람)

- Adia saya terserang penyakit malaria. (질병, 병균)
- Bus itu dilengkapi dengan pendingin. (냉방기)
- Daerah dingin memerlukan pemanas di rumah. (난방기)
- Militer adalah pengaman terhadap keamanan nasional. (안전 지킴이)
- Penyembuh yang mengobati penyakit kanker belum ditemukan di dunia ini. (치료제)

3. pe + 명사 ⇒ 명사

어근 명사와 관련된 장소에서나 혹은 그와 관련된 일이나 행위를 하는 사람

pe + ladang	⇒	peladang (밭농사 농부)
pe + laut	⇒	pelaut (항해자, 선원)
pe + pahat	⇒	pemahat (조각가)
pe + tambang	⇒	penambang (광부)

- Suaminya seorang pelaut. Oleh karena itu, jarang ada di rumah. (선원)
- Penari itu suka memakai rok panjang. (댄서)
- Para penumpang menunggu bus. (승객)
- Pemahat patung kami sudah meninggal dunia. (조각가)
- Para petani mulai sibuk menjelang musim panen. (농부)
- Pak Adi seorang perokok besar. (골초)

Ⅲ 접두사 {Per-}와 {PeN-}의 의미 비교

기본 어근동사의 유형에 따라 {per}-와 {peN}-의 두 가지 유형의 파생 명사가 나타나는데 이들의 상이한 기본 동사의 능동과 수동 의미차이에 유의하자.

1) pelajar : orang yang belajar (학생)
   pengajar : orang yang mengajar (선생)

2) pesuruh : orang yang disuruh (지시받은 자)
   penyuruh : orang yang menyuruh (명령자)

3) petatar : orang yang ditatar (연수/교육 참여자)
   penatar : orang yang menatar (연수/교육시키는 사람)

4) pejabat : orang yang berjabatan tinggi (고위 공무원)
   penjabat : orang yang menjabat (-의 직책을 임시로 맡은 사람)

5) petaruh : orang yang bertaruh (현상금을 내건 자, 내기를 건 자)
   penaruh : orang yang menaruh (판돈, 현상금, 빚보증)

6) petinju : orang yang bertinju (복싱선수)
   peninju : orang yang meninju (주먹질한 사람)

7) pesapa : orang yang disapa/bersapa (호출자)
   penyapa : orang yang menyapa (호명하는 사람)

8) petunjuk : sesuatu(tanda, isyarat) untuk menunjukkan (신호, 표시, 안내서)
   penunjuk : orang yang menunjukkan/alat untuk menunjukkan (지시자, 표시판)

9) pertanda : 1 신호; 징후; 표시: 2 (혼인) 예물
   penanda : 표식; 안내표시; 지시표시 (petunjuk)

연습문제 1

다음의 문장에 내포되어있는 접두사 {per-}와 {peN-}의 정확한 의미차이를 비교하고 해석하시오!

1a. Jangan hanya menjadi penyuruh, ikutlah bekerja!
 b. Siapa pesuruh di kantor ini?

2a. Orang yang mendampingi saya dalam kegiatan ini disebut penyerta.
 b. Ada beberapa peserta rapat hari ini?

3a. Ia rajin bertanya kepada penatar.
 b. Panetar itu mendengarkan pendapat petatar dengan penuh perhatian.

4a. Siapa yang akan menjadi penunjuk jalan kota?
 b. Sebelum meminum obat batuk bacalah petunjuk.

5a. Kita harus mendengar pesan penugas dengan seksama.
 b. Saya petugas piket kelas hari ini.

6a. Pak Sidik itu guru dan pengajar kami.
 b. Sebagai pelajar yang baik, kita harus menghormati pengajar kita.

7a. Siapa peninju mukamu yang bengkok itu?
 b. Dulu ia seorang petinju nasional.

연습문제 2

아래 문장에 적합한 접두사를 넣고 의미를 설명하시오!

1. (bungkus) kado ini cantik sekali.
2. Sang juara dikawal oleh banyak (tugas) keamanan.
3. (kemudi) mobilku berasak dari Bandung.
4. Tolong ambilkan (putih) baju!
5. (bungkus) paket itu tebal dan kuat.
6. Gadis kecil (malu) itu kemenakanku.
7. Kursus ini ditujukan untuk para (mula).
8. Paman Dedy adalah seorangn (usaha) udang.
9. Pria itu adalah (waris) rumah ini.

10. Setiap murid harus memiliki buku (tunjuk).
11. (tani) jagung di daerahku senang karena panen berlimpah.
12. (serta) diharapkan datang setengah jam sekolah ujian dimulai.
13. Tolong ambilkan (pahat) kayu di laci meja belakang.
14. Korea mengirimkan lima (terjun) payung dalam pertandingan itu.
15. (hitam) rambut itu milik ibu.
16. (ternak) ayam di sekitar perkampungan itu mengalami kerugian.
17. Dia dikenal sebagai (leceh) wanita.
18. Betulkah Didik seorang atlet (lari)?
19. Saya ingin membeli obat (langsing) tubuh.
20. Walaupun berbadan kecil, dia dikenal sebagai seorang (berani).
21. Setiap malam dia harus minum obat (tenang).
22. Paman seorang (layar).
23. Dia ingin menjadi (senam) yang terkenal.
24. Apa yang menjadi (tanda) kehadirannya.

Pelajaran 15
접사 {Per-/-an}

1. 기능	동사, 명사, 형용사, 수사와 결합하여 명사를 만든다.
2. 형태	pe-an, per-an, pel-an의 형태로 나타난다.
3. 의미	어근과 관련된 '장소, 행위, 일/사안' 등의 의미를 갖는다.

1. **기 능** : 명사형을 만드는 분리접사이다 (konfiks)

2. **형 태** : 파생접사 {per--an}은 접두사 {ber-} 및 {per-}의 형태 변화와 밀접한 관계를 갖고 있어 이들의 변화와 마찬가지로 {per-an}, {pel-an}, 및 {pe-an}의 변이형을 갖는다.

```
                    ┌ per- + -an      per-buat-an
                    │                 per-temu-an
                    │                 per-satu-an
    per- + -an   ───┤ pel- + -an      pel-ajar-an
                    │
                    │ pe-  + -an      pe-kerja-an
                    └                 pe-ternak-an
```

※ 위의 동사들의 유형을 동사형 접두사 ber-에서 온 것이므로 이의 형태 변화도 아래와 같이 결부시켜 설명할 수 있다.

buat	⇒	berbuat	⇒	perbuatan	(행위)
temu	⇒	bertemu	⇒	pertemuan	(만남)
satu	⇒	bersatu	⇒	persatuan	(단결, 통일)
ajar	⇒	belajar	⇒	pelajaran	(학습, 과, 수업)
kerja	⇒	bekerja	⇒	pekerjaan	(일, 직업)
ternak	⇒	beternak	⇒	peternakan	(축산업)
janji	⇒	berjanji	⇒	perjanjian	(약속)
gerak	⇒	bergerak	⇒	pergerakan	(움직임, 운동, 활동)

※ 명사형을 만드는 분리접사 {per-/-an}은, 일반적으로 접두사 {ber-} 형태의 자동사에서 파생되는 형태가 대부분이나;

예 berjanji ⇒ perjanjian (약속) ; bergerak ⇒ pergerakan (움직임; 운동)
   berjalan ⇒ perjalanan (여행) ; bertemu ⇒ pertemuan (만남)

일부 접두사 {meng-} 혹은 {memper-} 형태의 타동사에서 파생되는 것이 있다.

예 mencoba ⇒ percobaan (시도);
   melawan ⇒ perlawanan (대항, 적대);
   meminta ⇒ permintaan (요청);
   mengatur ⇒ peraturan (규정);
   menolong ⇒ pertolongan (도움);
   mempergelarkan ⇒ pergelaran (상설 공연장)
   bertahan/mempertahankan ⇒ pertahanan (방어)
   berjuang/memperjuangkan ⇒ perjuangan (투쟁)

3. 의미 분류 1: 일반적인 의미로 크게 3가지로 분류할 수 있다.

1) 어근동사가 뜻하는 바의 일, 상태, 성과

> pergerakan : hal/keadaan bergerak (운동, 활동)
> perjuangan : hal berjuang (투쟁)
> perguruan : hal berguru (교육)
> pelajaran : hal belajar (학습, 수업)
>
> 예 Pergerakan pemuda mulai muncul sejak tahun 1928.
> (청년운동은 1928년에 일기 시작했다.)

2) 동사 어근이 뜻하는 바의 행위

> perkelahian : perbuatan berkelahi (싸움)
> percakapan : perbuatan bercakap-cakap (회화, 대화)
> percobaan : perbuatan mencoba (시도)
> perlawanan : perbuatan melawan (대항, 대적)
> pertahanan : perbuatan bertahan (방어)
>
> 예 Perbedaan pendapat kedua pemuda itu berujung pada perkelahian.
> (두 젊은이의 의견차이가 싸움으로 치달았다.)

3) 어근과 관련된 일/업

> perikanan : yang berkaitan dengan ikan (어업)
> perkapalan : yang berkaitan dengan kapal (조선업)
> perbukuan : yang berkaitan dengan buku (경리, 회계)
> perburuan : yang berkaitan dengan buru (사냥)
> perdagangan : hal berdagang (상업)
> pertanian : hal bertani (농업)
>
> 예 Usaha budidaya perikanan darat makin diperhatikan.
> (육지 어업양식업이 점차 주목을 받는다.)

4) 어근과 관련된 장소/집합적 장소의 의미

> perapian   : tempat membuat api   (난로, 화덕, 아궁이)
> perkotaan   : tempat mendirikan kota   (도심지, 번화가)
> perkampungan   : tempat mendirikan kampung   (시골지역)
> perkemahan   : tempat mendirikan kemah   (야영지)
> pertokoan   : tempat mengumpulkan toko   (상가)
> perumahan   : tempat mengumpulkan rumah   (주택가)
> perhentian   : tempat berhenti   (정류장)
> persembunyian : tenpat bersembunyi   (은둔지)
>
> **예** Peserta perkemahan sedang berkerumun di dekat perapian.
> (야영 참여자들이 불이 있는 장소 주변에 모여든다.)

※ 접사 per-/-an이 어근과 결합되어 둘 이상의 의미를 내포하는 경우가 많으므로 문맥적으로 의미가 부적합할 때는 사전을 참고로 하자.

> **예** perguruan : 1. 교육/가르침 ; 2. 학교 (perguruan tinggi: 고등교육, 대학)
> permandian : 1. 목욕장소   ; 2. 세례

4. 의미 분류 2:

언급한 기본적인 의미들이 각 품사들과 결합하여 갖는 의미를 살펴보자.

1) 동사 어근과의 결합

(1) '어근이 의미하는 바에 관한 목적어에 대한 행위의 결과/관한 일(hal/hasil meng-)

> (1) Setiap siswa wajib menandatangani surat pernyataan bahwa dia akan mematuhi segala peraturan yang berlaku. (규정)
> (2) Para ahli yang diundang panita akan melihat percobaan mesin yang dilakukan para siswa kami. (시도, 시범, 시험)
> (3) Mereka sebaiknya memberikan pertimbangan yang dapat dipercaya (판단/의견).

(2) '어근이 의미하는 바에 관한 주어 자신의 동작 결과/관한 일(hal/hasil ber-)'

> (4) Kami marah dengan perbuatannya yang telah merusak nama baik kami (행위).
> (5) Perjumpaan kedua pakar politik itu memang sudah ditunggu masyarakat (만남, 회동).
> (6) Ah, itu hanya sebuah permainan saja, ada yang kalah, ada yang menang (시합, 게임, 놀이, 장난).
> (7) Perputaran uang di Pasar Glodok mencapai jumlah Rp 5 miliar per hari (회전, 순환).
> (8) Semua pertanyaan yang diajukan dapat dijawabnya dengan baik (질문, 질의).
> (9) Dalam pertemuan tersebut dihasilkan sebuah keputusan yang menguntungkan semua pihak (만남, 회동).

(3) '어근이 의미하는 바에 관한 상호동작의 결과/관한 일(hal/hasil ber-/-an)'

> (10) Perkenalannya yang tak sengaja dengan Toro di dalam kereta sangat mengesankan hatinya. (소개, 통성명))
> (11) Keputusanya menimbulkan perbenturan di antara para pendukungnya. (불화, 충돌, 분쟁)

(4) '어근이 의미하는 바의 장소(tempat ber-)'

> (12) Di pehentian bus itu saya menunggu kedatangnya. (정류장: halte)
> (13) Ibu sedang pergi ke peristirahatan di Puncak, Bogor. (휴게소, 별장)
> (14) Dari lubang perlindungan mereka, pasukan itu menembaki para musuh.

(5) '종교적인 세례의 의미'

> (15) Besok saya akan ke gereja untuk melihat upacara permandian anaknya. (세례)

2) 명사 어근과의 결합

(1) '어근과 관련된 일(yang berhubungan dengan)'

> (16) Industri perkapalan di Indonesia mengalami kemajuan yang cukup baik. (조선업, 배와 관련된 일)
> (17) Masalah perkayuan di Indonesia menjadi sorotan dunia karena banyak hutan yang terbakar. (목재업, 목재와 관련된 일)
> (18) Paman bekerja di perusahaan yang bergerak dalam bidang perminyakan. (유업, 기름과 관련된 일)
> (19) Persoalan mereka dapat diatasi dengan bantuan ketua RT. (문제)
> (20) Masalah pertanahan di Jakarta sangat serius. (토지사안)
> (21) Undang-undang perkawinan di Indonesia mengenal lembaga perwalian. (후견인, 대리인)

(2) '어근이 의미하는 바의 장소(tempat ber-)'

> (22) Korban ditemukan di daerah perladangan. (평야, 들판)
> (23) Banyak tanah yang semula merupakan persawahan kini menjadi perindustrian. (공업지대)
> (24) Arinta bekerja di perusahaan asing. (회사)

(3) '어근이 의미하는 바를 하게 하는 일/결과 (hal/hasil memper-)'

> (25) Masalah perbudakan kini seperti mencuat kembali. (노예화, 종복화)
> (26) Dalam kitab kami, perhambaan di antara sesama manusia diharamkan. (종복화, 하인화)
> (27) Persekutuan antara kedua negara itu membuahkan bagi negara tetangga mereka. (연합, 동맹, 제휴)

(4) '장소(tempat)'

> (28) Saya pernah menangkap ikan hiu di perairan Laut Jawa. (수역, 해역)
> (29) Karena ada kanker rahim, peranakan ibu diangkat dokter. (자궁: kandungan)

3) 형용사 어근과 결합

(1) '어근이 의미하는 바에 관한 사안/결과(hal/hasil ber-)'

> (30) Dialog itu bertujuan untuk mencari perdamaian di antara kedua negara. (평화).

(2) '어근이 의미하는 바가 되게 하는 행위 혹은 행위에 대한 결과(hal/hasil me-/-kan)'

> (31) Perusahaan asing tempat paman bekerja sedang melakukan perluasan wilayah usaha. (확장)
> (32) Kalau Anda ingin melakikan perpanjangan visa, Anda harus pergi ke imigrasi. (연장, 늘림)

(3) '어근이 의미하는 바에 대한 행위 혹은 행위의 결과(hal/hasil me-/-i)'

> (33) Para ahli hukum Indonesia sebaiknya memikirkan bagaimana cara untuk memperbaiki peradilan yang ada. (정의, 공정)
> (34) Saya sudah memeriksa perbaikan skripsi yang dilakikannya. (수정, 수선, 고침)

(4) '어근이 의미하는 바에 관한 행위 혹은 결과(hal/hasil memper-)'

> (35) Para dokter hewan itu sedang melakukan perbanyakan harimau yang berasal dari Jawa. (증식, 늘림)

4) 수사 어근과 결합

(1) '어근이 의미하는 바에 관한 일 혹은 결과(hal/hasil ber-)'

> (36) Kita harus menjaga kesatuan dan persatuan bangsa. (통합, 규합)

(2) '장 소(tempat)'

> (37) Di pertigaan jalan Anda belok ke kiri. (삼거리)
> (38) Di perempatan jalan ini ada pos jaga polisi. (사거리)

> **연습문제 1**

아래 예문에서 사용된 접사 per-an의 의미를 설명하고 문장을 해석하시오!

1. Percobaan pembunuhan terhadap pejabat negara itu sempat digagalkan.
2. Perkemahan hendaknya diadakan di daerah yang bebas banjir.
3. Akhir-akhir ini dunia persuratkabaran semakin marak.
4. Ia tinggal di kompleks permukiman rumah.
5. Presiden Kim-DaeJung mendapat piagam perdamaian Novel.

Pelajaran 16
접사 {Peng-/-an}

1. 기능	동사, 명사, 형용사, 수사와 결합하여 명사를 만든다.
2. 형태	pe-an, pem-an, pen-an, peng-an, peny-an의 변이형을 갖는다.
3. 의미	어근과 관련된 '행위, 과정, 결과, 장소 일/사안' 등의 의미를 갖는다.

1. 기 능 : 동사, 명사, 형용사, 수사 등과 결합하여 명사형을 만드는 접두사이다.

2. 형 태;

명사형 파생접사 peng-an은 접두사 meng- 형태의 타동사와 밀접한 관계를 갖는다. 따라서 접두사 peng-의 형태와도 밀접한 관련이 있으며 pe-an, pem-an, pen-an, peng-an, peny-an의 변이형을 갖는다.

	pe- + -an	pe-rawat-an
	pem- + -an	pem-bentuk-an
pe-an		pem-(p)andang-an
		pem-(p)alsu-an
	pen- + -an	pencangkokan
	peng- + -an	peng-obat-an
		peng-alam-an
		peng-ambil-an
	peny- + -an	peny-(s)impan-an
		peny-(s)edia-an

3. 의미 분류 1; 일반적인 의미로 크게 5가지로 분류할 수 있다.

1) 어근 의미의 행위

> pemberontakan : proses/perbuatan memberontak (폭동)
> pendaftaran : proses/perbuatan mendaftar (등록)
> pengunduran : proses/perbuatan mengundurkan (퇴진)
> penyajian : proses/perbuatan menyajikan (음식차림, 제시)
>
> 예) Cara penyajian laporannya cukup menarik.
> (그의 보고 제시방법은 관심 끌기에 충분했다.)

2) 어근의 미화하는 과정

> pemasyarakatan : proses memasyarakatkan (사회화)
> pengaturan : proses mengatur (정리, 처리)
> pembatuan : proses membatu (암석화)
> penghijauan : proses menghijaukan (녹지화)
>
> 예) Penghijauan hutan gundul dilakukan bersama seluruh masyarakat.
> (민둥산의 녹지화를 전 국민이 함께 했다.)

3) 어근 의미의 행위 결과

> pengakuan : hasil perbuatan mengakui (인정, 수긍)
> penghargaan : hasil perbuatan menghargai (표창, 상장)
> penyelesaian : hasil perbuatan menyelesaikan (종식, 마침, 종결)
> pengumuman : hal yang diumumkan (공고)
> pemberitaan : hal yang diberitakan (뉴스)
>
> 예) Menurut pengakuan dia, temanlah yang melakukan pencurian.
> (그의 고백에 따르면 도둑질을 한 것은 바로 친구였다.)

4) 어근 의미와 관련된 장소

> pengadilan : tempat untuk mengadili (법원, 법정)
> pembuangan : tempat untuk membuang (쓰레기장)
> pemancingan : tempat untuk memancing (낚시터)
>
> 예) Sejak kemarin terdakwa sudah dibawa ke pengadilan.
> (어제부로 피고는 이미 재판정으로 이송됐다.)

5) 어근 의미와 관련된 감각 기관

> pendengaran : indra untuk mendengar
> penglihatan : indra untuk melihat
> Penciuman : indra untuk mencium
>
> 예 Pendengaran Pak Ali sudah kurang tajam.
> (알리씨의 청력(귀)은 이미 그리 예리하지 않다.)
>
> * 접사 peng-/-an 역시 per-/-an과 마찬가지로 둘 이상의 의미를 내포하는 경우가 많으므로 문맥에 맞추어 의미를 판단할 필요가 있다.
>
> 예 pendirian : 1. 설립, 2. 소신
> pendengaran : 1. 청취(력); 2. 청각기관

4. 의미 분류 2 ; 언급한 기본적인 의미들에 대한 각 품사들과 결합하여 생성되는 의미를 살펴보자.

1) 동사와의 결합

   a. '어근의미의 동작과정(proses me-)'

> (1) Pemakaian obat penyubur rambut secara teratur membuat rambut kita lebih kuat. (사용)
> (2) Pembelian barang-barang kebutuhan kami dilakikannya setiap akhir bulan. (구매)
> (3) Penjualan barang-barang elektronik tahun ini kurang lancar. (판매)
> (4) Akhirnya, polisi melakukan penggalian di sekitar rumah korban. (땅파기)
> (5) Penggantian uang kantor yang hilang sangat memberatkan saya. (배상)
> (6) Tim ini berupaya dalam pencarian fakta. (찾음, 수색)
> (7) Penurunan Soeharto oleh mahasiswa telah membuka kesempatan untuk memperbaiki kondisi Indonesia. (하야)

b. '어근이 의미하는 바가 되게 하는 과정(prose me-/-kan)'

(8) Pemulangan para pengungsi dilakukan secara bertahap. (송환)
(9) Kami melihat pencantuman nama-nama calon anggota legislatif. (포함됨)
(10) Penempatan Habibie sebagai calon tunggal Golkar mendapat sorotan tajam. (두는 것, 배치)
(11) Berbagai penemuan dalam bidang kedokteran telah dicatatnya. (발견)
(12) Penggabungan kedua tim itu ternyata ditentang oleh banyak orang. (결합)

c. '행위의 과정(proses me-/-i)'

(13) Pemulangan TKI(Tenaga Kerja Indonesia) gelap dilakukan secara bertahap. (송환, 귀환)
(14) Pada masa pendudukan Jepang, bahasa Indonesia mengalami perkembangan yang cukup pesat. (지배)
(15) Penelanjangan korupsi pejabat militer itu dilakukan oleh para mahasiswa. (폭로, 드러남)
(16) Penghindaran diri dari amukan massa dilakikannya dengan bantuan aparat yang sedang bertugas. (도피, 탈출)

d. '어근의미가 행하는 도구 혹은 결과(alat/hasil me-)'

(17) Anjing terkenal sebagai hewan yang memiliki penciuman yang tajam. (후각)
(18) Setelah kecelakaan satu tahun yang lalu, pendengaran Dina agak terganggu. (청각, 청력)
(19) Sejak usia 12 tahun, penglihatan jarak jauh saya kurang baik. (시력)

e. '어근의미가 의미하는 바의 장소(tempat untuk me-)'

(20) Tak jauh dari Padangpanjang, ada pemandian yang indah yang benama Lubuk Mata kucing. (목욕장소)
(21) Penginapan Srikandi itu cukup terkenal di kalangan turis asing. (숙소)
(22) Di sudut kanan ruangan itu ada penyimpanan barang. (창고)
(23) Pemancingan di sini sangat baik jika dijadikan wisata alam. (낚시터)
(24) Pendakian di Gunung Bromo terkenal dengan keterjalannya. (등산로)
(25) Kompleks ini terkenal dengan pemotongan hewan ternaknya. (도살장)
(26) Pada akhir Desember pelabuhan udara itu terkena banjir yang cukup dalam. (정박장: pelabuhan udara 공항: pelabuhan laut 항구)

2) 명사와의 결합

　a. '어근이 의미하는 바의 행위 과정(proses me-)'

(27) Pembiusan terhadap gajah-gajah liar dilakukan dengan hati-hati. (마취)
(28) Pengaspalan jalan dilakukan dengan bantuan ABRI. (도로포장)
(29) Dalam menyalurkan dana itu, terjadi banyak sekali penguapan. (증발/사라짐)

　b. '어근이 의미하는 바가 되게 하는 과정(proses me-/-kan)'

(30) Tahap terakhir yang juga merupakan tahap terpenting agar bahan tersebut dapat disimpan lama adalah penguapan. (증발, 기화)
(31) Pemerintah sebaiknya berhati-hati dalam pemanfaatan hutan lindung. (이용)
(32) Semua yang dilakukannya itu sesuai dengan pengarahan yang diterimanya. (지침서)
(33) Penggunaan mesin baru itu baru boleh dilakikan seminggu kemudian. (사용)
(34) Proyek penghutanan tanah-tanah gundul di daerahku belum dilaksanakan. (녹지화)
(35) Ayah bekerja di perusahaan yang mengurus pengapalan barang- barangantarpulau. (선박운송)

　c. '어근이 의미하는 바의 동작, 즉 -에 -을 하는 행위(proses me-/-i)'

(36) Para petani melakukan pemagaran tanaman untuk mencegah gangguan hewan perusak. (담장치는 일, 담장 가설)
(37) "Mengenai barang-barang impor, kami akan meninjau kembali pembatasan tarif dan kuota." kata pejabat baru itu. (제한 규정)
(38) Pemilikan tanah rumah ini tidak sah. (소유)
(39) Dari kasus penanganan BLBI(Bantuan Liquiditas Bank Indonesia) sangat kuat terkesan bahwa sikap dan kebijakan pemerintah tiap saat bisa berubah. (처리, 관리)
(40) Sistem pengairan sawah yang dilakukan masyarakat Bali dikenal dengan kata subak. (수로, 관개)

　d. '어근이 의미하는 바의 일 혹은 -에 대한 성과(hal/hasil me-/-i)'

(41) Pemerintah menaikkan gaji guru sebagai penghargaan terhadap mereka. (상, 상장, 표창)
(42) Pemilikan tanah oleh pengusaha itu bertentangan dengan kebijakan pemerintah. (소유)

3) 형용사와의 결합

a. '어근이 의미하는 바의 행위 과정(proses me-)'

(43) Penguatan nilai rupiah terjadi sejak stabilitas politik tercapat. (강세)
(44) Kosmetik itu sangat baik untuk mereka yang mengalami penuaan dini, terutama di sekitar mata dan mulut. (노화)

b. '어근이 의미하는 바가 되게 하는 과정(proses me-/-kan)'

(45) Pemda setempat akhirnya melakukan pelebaran jalan yang menuju desa kami. (확장)
(46) Polisi menangkap para pendatang itu karena kasus pemalsuan uang dan obat-obat terlarang. (위조)
(47) Pemanasan dapat dilakukan dengan jalan-jalan di tempat. (워밍업)
(48) Sampai sekarang, Wayan belum melakukan pembetulan informasi yang salah yang pernah diberikannya kepada kami. (수정)
(49) Proyek penghijauan kota sangat penting dan harus segera dilaksanakan. (녹지화)
(50) Kami segera melakukan tindakan-tindakan pengamanan barang-barang berharga kami dari amukan api. (보호, 안전)
(51) Penyempitan pembuluh darah dapat terjadi apabila tubuh kita mengandung kolesterol yang tinggi. (좁아짐, 가늘어짐, 수축)

c. '어근이 의미하는 바의 동작, 즉 -에 -을 하는 행위(proses me-/-i)'

(52) Banyak siswa SMU tingkat akhir giat mengikuti kursus pendalaman materi sekolah agar mereka sukses masuk universitas. (심화, 집중)
(53) Seharusnya, cara yang ditempuh para orang tua terhadap anak adalah pendekatan dari hati ke hati. (접근)
(54) Para mahasiswa berjaket biru itu menuntut pengadilan yang seadil-adilnya dari para hakim. (법원)
(55) Agar tidak bocor, seharusnya ada pengawasan dana JPS(Jaring Pengaman Sosial) dari pihak internasional. (감시, 감독)

4) 수사와의 결합

'어근이 의미하는 바가 되게 하는 과정(proses me-/-kan)'

(56) Penduaan hati yang terjadi pada dirinya kini membingungkan orang tuanya. (망설임)
(57) "Penyatuan dua atau tiga partai menjadi partai yang besar mungkin saja terjadi, terantung pada hasil Pemilu nanti." kata politikus muda itu. (통합)
(58) Pengharusan adanya izin berkumpul dari kepolisian mendapat kecaman keras dari mereka. (당연함, 의무)

5) 복합어와의 결합

'어근이 의미하는 바가 되게 하는 과정(proses me-/-kan)'

(59) Pembumihangusan yang dilakukan Israel terhadap kota-kota di Gaja hanya menyengsarakan rakyat Palestain saja. (초토화)
(60) Politikus itu sangat pintar melakukan pemutarbalikan fakta. (왜곡)
(61) Seharusnya, pendayagunaan kekayaan alam Kalimantan bertujuan untuk meningkatkan taraf hidup masyarakat di sana. (성과 향상 노력, 능력 활용)
(62) Jangan sampai kita hancur karena peninaboboan dengan kemewahan yang ditawarkan segelintir pejabat yang haus akan kekuasaan. (사탕발림)

연습문제

아래 예문에서 사용된 접사 peng-an의 의미를 설명하고 문장을 해석하시오!

1. Karena terlalu banyak makan obat, pendengarannya jadi agak terganggu.
2. Penyelesaian pertengkaran antarwarga itu memuaskan kedua belah pihak.
3. Pembakaran toko-toko itu merupakan pelampiasan kemarahan massa.
4. Petani berhasil berkat pengaturan irigasi yang adil dan merata.
5. Menurut pengamatan saya, Saleh memang anak yang rajin di kelasnya.
6. Mayat itu ditemukan di pembuangan sampah dekat sungai.
7. Pembatuan tanah di areal itu sudah berlangsung lama.

Pelajaran 17
접사 {Per-an} 및 {PeN-an} 비교

{per-/-an}과 {peng-/-an}은 여러 종류의 품사와 결합하여 파생명사를 만드는 접사이다. 단어 개개가 갖고 있는 기능 및 의미 특성에 따라 {per-/-an} 혹은 {peng-/-an}의 한 종류의 접사와 결합하거나;

a) jalan	berjalan	perjalanan (○)	
	menjalan (×)	pejalanan/penjalanan (×)	
b) pakai	berpakai (×)	perpakaian (×)	
	memakai (○)	pemakaian (○)	

혹은 {per-/-an}과 {peng-/-an} 형태의 두 접사와 결합 되어 나타나는데 이때는 언급한 접사와 결합되는 단어(어근, 혹은 1차 파생된 어근)의 특성에 따라 구조적인 기능차이와 의미 차이가 발생하는데 이는 서로 다른 형태의 단어 특히 동사에서 형성되었기 때문이다. 아래 동사들의 의미와 형성된 파생명사의 의미를 살펴보자.

buat	berbuat	(자동사)	⇒	perbuatan	(행위)
	membuat	(타동사)	⇒	pembuatan	(제작)
temu	bertemu	(자동사)	⇒	pertemuan	(만남)
	menemukan	(타동사)	⇒	penemuan	(발견)
satu	bersatu	(자동사)	⇒	persatuan	(통일)
	menyatu	(타동사)	⇒	penyatuan	(단합, 결합)
ajar	belajar	(자동사)	⇒	pelajaran	(배움, 과)
	mengajar	(타동사)	⇒	pengajaran	(가르침, 교육)
kerja	bekerja	(자동사)	⇒	pekerjaan	(직업, 일)
	mengerjakan	(타동사)	⇒	pengerjaan	(가공/pengolahan)

좀 더 자세히 설명하면 {per-/-an}과 {peng-/-an} 파생명사의 결과가 한국어의 의미로 구분될 수 있는 경우들이 대부분이지만 최종적인 정확한 생성의미에 따른 접사사용은 결합되는 동사어근의 종류, 즉 자동사에서 파생된 명사형 접사 {per-/-an}과 타동사에서 파생된 명사형 접사 {peng-/-an}의 기본적인 의미 및 구조의 차이를 이해하여야 정확한 의미를 파악할 수 있다. 예를 들어 명사 'kembang(꽃봉오리)은;

| kembang | berkembang (발전하다) ⇒ perkembangan (발전: 발전된 상태) |
| | mengembangkan (발전시키다) ⇒ pengembangan (발전: 발전시키는 일) |

자동사를 만드는 접사 {ber-} 및 타동사를 만드는 접사 {meng-}과 결합하여 각각 은유의미(꽃봉오리: 명사⇒ 피다/발전하다: 자동사, -을 피우다, 발전시키다: 타동사)를 갖는다. 그러나 한국어로 간결하게 표현할 수 있는 단어는 모두 '발전'으로 사용하거나 아니면 엄밀하게 '발전된 상태/상황' 및 '발전시키는 일/행위'로 표기를 해야할 것이다.

의미를 기준으로 구조적 어순을 살펴보면,

1a. <u>Ekonomi Indonesia sedang</u>　<u>berkembang</u> (인도네시아의 경제는 발전중이다)
　　　　주어　　　　　　　　서술어:자동사
1b. ⇒ Perkembangan　ekonomi Indonesia (인도네시아의 경제발전 상황/과정)

2a. Untuk　<u>mengembangkan</u>　<u>ekonomi</u> Indonesia
　　　　서술어:타동사　　　목적어
2b. ⇒ pengembangan ekonomi Indonesia (인도네시아 경제를 발전시키는 일/행위)

위의 예문(1a, 1b)에서 보는 바와 같이 주어와 서술어관계가 명사구로 전환될 때 자동사의 의미가 그대로 남는 {per-an}으로 전환되는 반면 예문(2a,2b)와 같이 서술어와 목적어관계가 명사구로 전환될 때는 타동사의 의미가 그대로 전달되는 형태의 접사 {peng-an}으로 변형된다.

다음 예문에서 동사(자동사/타동사) 어근에 사용된 접사 {per-/-an}과 {peng-/-an}의 차이를 살펴보자.

1) Dia berubah sejak dia sakit. ⇒ (변하다)
   Siapa saja dapat melihat perubahan itu. (변화)

2) Mereka bertemu tiap akhir minggu. ⇒ (만나다)
   Dalam pertemuan itu mereka membicarakan topik-topik yang sedang hangat. (만남)

3) Pendapat kami selalu berbeda. ⇒ (차이나다)
   Kami sering bertengkar mengenai perbedaan itu. (차이)

4) Musim terus berganti. ⇒ (변화하다, 변화되다)
   Pergantian musim tidak mengurangi cintanya. (변화)

5) Penduduk miskin terus bertambah. ⇒ (증가하다, 증가되다)
   Pemerintah harus segera mengatasi masalah pertambahan penduduk miskin ini. (증가)

6) Mereka mau mengubah rencana wisata mereka. ⇒ (변경하다)
   Mereka harus melakukan pengubahan itu karena biayanya kurang. (변경)

7) Arkeleog Mesir menemukan sebuah kota di bawah piramida. ⇒ (발견하다)
   Penemuan itu terjadi pada awal abad 20. (발견)

8) Kami sulit membedakan dua gambar yang sangat mirip itu. ⇒ (구별하다)
   Pembedaan itu mungkin lebih mudah dilakukan kalau ukuran gambarnya lebih besar. (구별)

9) Mereka akan mengganti manajer yang lama. ⇒ (바꾸다)
   Penggantian itu dilaksanakan tiap dua tahun. (바꿈, 교환)

10) Institusi pendidikan itu harus menambah tenaga dosen. ⇒ (추가하다, 늘리다)
    Penambahan dosen dapat dilaksanakan dengan cara merekrut lulusan luar negeri. (늘림, 추가)

연습문제 1

아래 주어진 접사를 이용 적합한 단어를 넣고 해석하시오!

(ber-, meN- (kan), per-an, peN-an)

1. Apa cara berbisnis orang Korea dan Cina (beda)?
2. Tidak ada (beda) antara pendapat dia dan pendapat saya.
3. Dia dapat (beda) yang mana uang palsu dan yang mana uang asli.
4. Dia dapat melakukan (beda) uang palsu dan uang asli.
5. Pemerintah akan (bangun) gedung sekolah di daerah itu.
6. (bangun) gedung sekolah itu dihentikan karena biayanya habis.
7. Banyak orang (dagang) di sepanjang jalan itu.
8. (dagang) antara kedua negara berjalan dengan sangat baik.
9. Kami lebih (pisah) selama 10 tahun.
10. Nanti malam ada pesta (pisah) di rumah Pak Suzuki.
11. Kantor kami akan (pisah) bagian administrasi menjadi dua bagian.
12. Kantor kami akan melaksanakan (pisah) bagian adminstrasi.
13. Penduduk akan (buat) jembatan di atas sungai itu.
14. (buat) jalan itu menghabiskan dana RP. 500 milyar.
15. Dia sering (buat) tidak sopan. Oleh karena itu, dia debenci banyak orang.
16. Karena (buat) nya itu, dia dipecat oleh atasannya.
17. Saya (temu) pertama kali dengan dia pada tahun 1990.
18. (temu) saya dan dia di pesta itu tidak akan bisa saya lupakan.
19. Kami (temu) dompet dia di kamar kecil.
20. (temu) kapal yang tenggelam itu terjadi di laut Cina Selatan.
21. Tidak mudah (ubah) pikiran dia.
22. Wajahnya tidak (ubah), masih seperti yang dulu.
23. Banyak orang menjadi sakit karena (ubah) cuaca.
24. Maaf, kami akan mengadakan (ubah) jadwal belajar minggu depang.
25. Umur kita terus (tambah), kita makin lama makin tua.
26. Boleh saya (tambah) nasi? Saya masih lapar.
27. Karena (tambah) usia, daya ingat tidak sebaik dulu lagi.
28. (tambah) fasilitas laboratorium harus segera dilakukan.
29. Teknologi di negara kami belum (kembang).

30. A: Bagaimana keadaan ekonomi di negara Anda sekarang?

    B: Keadaannya masih tidak baik, tidak ada (kembang).

31. Mereka sekarang sedang (kembang) kurikulum pendidikan yang baru.

32. Untuk (kembang) sistem ini, tentu diperlukan biaya yang tidak sedikit.

33. Kami (kumpul) di sini sekali sebulan.

34. Kelompok itu akan (kumpul) dana untuk korban banjir.

35. Para pekerja sosial itu akan (kumpul) untuk korban banjir.

36. (kumpul) uang dan barang dikoordinasikan oleh Kelompok Pekerja Sosial.

37. Pelatih (ganti) pemain nomor 6 dengan pemain nomor 11.

38. Pemain nomor 11 memprotes (ganti) dirinya.

39. Musim (ganti), temperatur udara juga (ganti).

40. Para petani menunggu (ganti) musim.

41. Anak itu sama sekali tidak (gerak). Kenapa ya?

42. Dia tidak dapat (gerak) lengan kanannya.

43. Demonstrasi itu adalah realisasi (gerak) mahasiswa menetang kenaikan harga.

44. (gerak) para demonstran yang terdiri dari rakyat kelas bawah itu dilakukan oleh satu partai politik.

연습문제 2

아래 주어진 접사를 이용 적합한 단어를 넣고 해석하시오!

(ber-, meN-(kan), per-an, peN-an)

1. [ubah]

   - Jadwal belajar kami dapat _____ setiap waktu.
   - Siapa yang _____ jadwal belajar kami?
   - Kami tidak tahu kalau hari ini ada _____ jadwal belajar.
   - A: Apa yang harus kami kerjakan?

     B: _____ jadwal belajar

2. [beda]

   - Kondisi finansial kami _____ ya. Dia kaya, saya miskin.
   - _____ warna kulit pada saat ini masih terjadi.
   - _____ umur mereka terlalu besar.

- Kami tidak dapat _____ kedua anak kembar itu

3. [temu]
   - Nanti malam kami ada _____ di Kedutaan Besar Jerman.
   - A: Topik bacaan hari ini apa?
     B: _____ vaksin baru untuk hepatitis.
   - Kami _____ di Seneyan City tadi malam.
   - Mereka belum _____ dompet yang hilang.

4. [tambah]
   - Mahasiswa dari Australia itu mau _____ jam belajarnya.
   - Pemerintah harus mengatasi masalah _____ anak-anak putus sekolah.
   - Karena semester ini jumlah murid terlalu banyak, kepala sekolah harus melakukan _____ guru.
   - Karena tidak ada waktu untuk belajar dan mengulang, kosa kata bahasa Korea saya tidak _____ .

5. [kembang]
   - Pengusaha itu ingin _____ bisnisnya ke Asia Selatan.
   - Teknologi komputer belum _____ dengan baik di negara kami
   - Karena krisis ekonomi, _____ proyek itu dihentikan.
   - A: Bagaimana _____ ekonomi Korea Selatan tahun ini?
     B: Sampai sekarang masih belum pulih ya.

6. [pisah]
   - Malam minggu ini kami ada pesta _____ untuk Pak Kausar yang akan pulang ke Indonesia.
   - Mereka _____ apel-apel yang masih baik dan yang sudah busuk.
   - Kami belum permah berjumpa sejak kami _____ 5 tahun yang lalu.
   - Penerimtah kolonial Belanda mengadakan _____ tempat tinggal penduduk berdasarkan ras mereka.

7. [putar]
   - Di pusat perdagangan itu tiap hari uang yang _____ diperkirakan sebesar

Rp. 1 milyar.
- _____ sebanyak itu terbesar di kawasan ASEAN.
- Pak Yanusa akan _____ film Korea tiap Sabtu Minggu.
  Waktu _____ film Korea Sabtu minggu ini jam 2 siang.

8. [ganti]
   - Tahun-tahun telah _____ tapi dia masih kelihatan muda dan segar.
   - Tanggal 31 Desember 24;00 adalah waktu _____ tahun.
   - Preseden yang baru akan _____ pos-pos yang tidak efektif.
     _____ pos-pos itu diharapkan dapat mengembalikan kepercayaan masyarakat pada pemerintahan yang baru.

9. [didik]
   - Guru tidak hanya mengajar tetapi juga harus _____ murid-murid.
     Banyak orang berkata _____ lebih pentingdaripada pengajaran.

10. [buang]
    - Masih banyak penduduk yang _____ sampah ke sungai.
      _____ sampah ke sungai itu akan merusak lingkungan.

Pelajaran 18

접미사 {-an}

1. 기능	동사, 형용사, 명사와 결합하여 명사 파생어를 만든다.
2. 의미	어근의 의미와 관련된 대상, 행위의 결과, 도구, 장소, 군집, 단위 등

접미사 {-an}은 동사, 형용사, 명사와 결합하여 명사의 기능을 하며 다음과 같은 다양한 의미를 갖는다.

1. 동사와의 결합

1) 어근의 의미로 된 것, 대상/사물

Layang-layang ini *buatan* saya sendiri. (제작품)
Di pasar gelap terdapat banyak barang *curian*. (도난품)
Makanan dan *minuman* telah disiapkan oleh tuan rumah. (음식, 음료)
Pakaian yang dikenakan artis itu adalah baju sewaan. (세낸 것)

2) 어근 의미의 행위 결과

Pukulan Toro telah merobohkan lawannya sehingga dia menang KO. (가격)
Susunan buku di atas meja tampak rapi sekali. (정리된 것)
Kemungkinan *tebakan* kita tidak akan meleset. (추정)
Dia suka menulis, tetapi *tulisan* dia menarik. (글, 글씨)
Dengan gelisah ia mencari *catatan* hariannya karena ada hal-hal yang sangat pribadi tercantum di sana. (메모, 기록)

3) 도구

- Ibu sedang menidurkan bayi di *ayunan*. (요람, 그네)
- Agar baju tidak terbang karena tertiup angin, ibu menggunakan *jepitan* baju. (집게)
- Ketika naik tangga di gedung itu, aku terjatuh karena *pegangan* pada tangga rusak. (손잡이)
- *Saluran* di depan rumah selalu bersih sehingga air dapat mengalir dengan lancar. (수로, 통로, 배관)
- *Pedagang* beras di pasar dekat rumahku menggunakan *timbangan* baru. (저울)

4) 장소

- *Dudukan* mesin itu patah. (받침대)
- Baju-baju di *jemuran* sudah kering. (건조대)
- Sebelum hari raya 'Chuseok' kami pergi ke *kuburan* kakek dan nenek di desa. (무덤)
- Pria itu selalu menjadi *sandaran* bagi anak-anak jalanan. (기댈 것, 버팀목)
- Karena kurang berhati-hati, adik jatuh dari sepeda di *turunan* ini. (내리막)

2. 명사와의 결합

1) 집합, 군집

- Baru-baru ini kami menginjakkan kaki di *daratan* Asia yang kaya akan obat tradisional oriental. (최근에 우리는 전통 동양 약이 풍부한 아시아 대륙을 지배했다.)
- *Kawanan* penjahat itu membobol brankas milik bank BCA.
  (범인 일당이 BCA은행의 금고를 털었다)
- *Batuan beku* dalam, yang terjadi jauh di bawah permukaan bumi, berasal dari magma yang mendingin. (암반)

2) 장소

- Ayah sedang membuat kapal di *galangan*. (조선소, 선박 수리소)
- Para pemancing itu sedang asyik duduk di *tepian* danau sambil mengobrol. (가장자리)
- Perusahaan kami ada di daerah *pinggiran* kota Jakarta. (변두리, 가장자리)

3) 매(每) 주기

- Kami sudah lama tidak membeli *Harian* Kompas. (일간지)
- Tempo merupakan salah satu majalah *mingguan* yang disukainya. (주간지)
- Sebagian besar gaji *bulanan* saya terpaksa untuk membayar utang. (월급)
- Kami belum membuat laporan *tahunan*. (연간)

4) 표준 측정 단위

- *Jutaan* rakyat menyambur pesta demokrasi ini. (백만 단위)
- Pembantu akan membeli gula *kiloan*. (킬로그램 당)
- Supir membeli minyak tanah *literan*. (리터 당)
- Kemarin ibu Santi membeli kain *meteran* di Mangga Besar. (미터 당)
- Mr. Ali selalu membeli rokok *batangan*. (개당)
- Kami tidak memiliki uang dua puluh *ribuan* rupiah. (이만 루삐아 짜리)

5) 어근의 의미와 유사한 모양 혹은 집합체; (과일)

- Pohon rambutan di depan rumah akan di tebang. (람부딴 과일)
- Mereka sangat suka makan durian. (두리안 과일)

※ 접사 활용 예문

1) - Saya harus memakai apa untuk pesta itu?　　(내가 파티를 위해 뭘 입어야하지?)
　　 Saya tidak punya PAKAIAN resmi.　　　　　(나는 정장이 없어.)
　- Saya mau makan.　　　　　　　　　　　　　(나는 먹기를 원해.)
　　 Apa kamu ada MAKANAN?　　　　　　　　 (너는 먹을 것(음식)이 있니?)
　- Maaf, saya tidak bisa menjawab sekarang.　　(미안, 내가 지금 답을 할 수 없다.)
　　 Saya akan memberi JAWABAN saya besok. (내가 내일 나의 답을 주겠다.)

2) A: Saya mau memesan ayam bakar. (구운 닭을 주문하고자 한다.
　 B: Makan di sini atau dibungkus, Bu? (여기서 먹을 건지 아니면 포장을 할까요?)
　 A: Kalau dibungkus, kira-kira berapa lama *pesanan* saya siap?
　　　(포장하려면, 대략 내가 주문한 게 얼마나 걸립니까?)
　 B: Maaf Bu, Karena pembelinya banyak, mungkin sedikit lama...
　　　(미안 합니다만, 구매자가 많아 좀 걸릴 것 같은데요...)

A: Wah, saya harus cepat-cepat kembali ke kantor. Apa ada warung lain yang menjual ayam bakar di sekitar sini?
(와!, 빨리 사무실로 가야하는데. 이 주변에 구운 닭 파는 다른 와룽이 있나요?)

B: Bagaimana, ya.. Di sekitar sini penjual ayam bakar hanya warung kami.
(어쩌죠, 이 주변에 구운 닭 파는 와룽은 우리 집 뿐인데요...)

연습문제 1

접미사 –an을 이용하여 괄호 안에 적합한 단어를 넣고 문장을 해석하시오!

1. (음식) Korea di Jakarta mahal sekali.
2. Dia membawa banyak (장본 물건)
3. Pegawai kantor kami harus menulis (보고서) tiap akhir bulan.
4. (주문한 것) saya untuk makan siang belum datang.
5. (방문) kami ke tempat itu tidak terlalu menarik.
6. kami punya (저축액) dolar Amerika di bank itu.
7. Jam berapa (마중할 사람/차량) kita datang?
8. Perpustakaan itu juga ada (읽을거리) untuk anak-anak.
9. Kami sedang menunggu (대답) dia.
10. Kapan (우송물) ini sampai di Seoul?
11. Sopir saya bisa mendapat (차용) uang dari kantor.
12. Masalah dia menjadi objek (흉 거리) di kantor kami.
13. Di rumah dia ada banyak (음료) impor beralkohol.
14. Konsultan itu menerima (지불금) yang tinggi sekali.
15. (세탁물) selama satu minggu menunggu saya.
16. Keluarga Yusuf tinggal di rumah (세).
17. (타이핑한 것) ini tidak benar. Tolong ketik sekali lagi.
18. Kalau ada (불만), silakan memberi tahu manajer kami.
19. Ada (포장물) yang besar di atas meja.
20. Toko itu menjua l (장난감) yang besar
21. Dia akan mengirim 500 (초대장) untuk pesta ulang tahun anak dia.
22. Kami tidak bisa mengerti (생각) atasan kami.
23. Di toko itu saya tidak punya (아는 사람, 지인),
24. Saya tidak dapat membaca (글) dia yang sangat kecil itu.

25. Indonesia banyak mengekspor (옷) ke Hong Kong.
26. (요리) ibu saya paling enak di dunia.
27. Kami tidak punya (선택물) lain. Kamu harus berangkat besok malam.
28. Sekarang ini motor (제품) Cina banyak dijual di pasar lokal.
29. Komputer ini ada (보증대상) 1 tahun.
30. Aduh! (펀치) wanita itu keras sekali!

연습문제 2

괄호 안에 적합한 접사 {-an} & {peng-/Pe-}을 넣고 해석하시오!

1. (tumpah) minyak telah mengotori pantai itu.
2. Pisau dapat digunakan sebagai alat (potong) daging.
3. Rumah-rumah di Indonesia tidak memerlukan (panas) ruangan.
4. Walaupun sudah bekerja selama bertahaun-tahun, ia belum mempunyai (simpan) sedikit pun.
5. Columbus adalah (temu) benua Amerika.
6. Pegawai-pegawai di perusahaan itu terkenal sebagai (kerja) keras
7. Obat batuk terdiri atas campuran obat (keluar) lendir sehingga saluran pernafasan bersih dari ganguan (sebab) batuk itu.
8. Buku ini (karang) siapa?
9. Dia ditangkap karena menjual mobil (curi).
10. Jika kurang puas dengan pelayanan kami, Anda boleh menyampaikan (keluh) kepada atasan kami.
11. Ayahnya dikenal sebagai (buat) perahu layar yang andal.
12. Batuk sebetulnya bukan (sakit).
13. Termometer adalah alat (ukur) suhu.
14. Kemarin aku tidak masuk kuliah. Bolehkah aku meminjam (cacat) mu?
15. Prof. Dr. Kim akan menjadi (bicara) dalam seminar itu.
16. Kemarin seorang (curi) masuk ke dalam rumahku.
17. (tulis)mu tidak bisa dibaca karena terlalu kecil.
18. Saya suka dengan gadis (riang).
19. (taekwondo) dari Taiwan kalah dalam kompetisi.
20. Isteri Wayan seorang (cemburu).

21. Tolong tukar uang 10,000 Won dengan se(ribu).
22. Ada juga obat batuk yang tidak berfungsi sebagai pengeluar lendir, melainkan sebagai (tekan) syaraf batuk.
23. Anak-anak harus diberi (baca) yang bermutu.
24. Kapal (angkut) minyak dan gas alam di negara kita belum banyak.
25. Pemerintah belum menyediakan fasilitas untuk (jalan) kaki.

연습문제 3

주어진 문장에 적합한 동사 혹은 명사형 단어를 선택하시오!
(어근, meN-, peN-, -an 등)

1. Dia suka sekali (tulis). (tulis) dia bisa dibaca di koran-koran.
2. Pak Kim harus (lapor) hasil belajar dia ke atasan. (lapor) itu dibuat tiap akhir semester.
3. Saya (kirim) paket itu minggu yang lalu. Kenapa sampai sekarang (kirim) itu belum sampai ya?
4. Teman kerja saya suka (obrol), tetapi (obrol) dia sering mengganggu seasana kerja kami.
5. Kalian harus (jawab) semua pertanyaan. (jawab) harus ditulis di kertas ini.
6. A: Kapan sopir akan (jemput) anda?
   B: (jemput) akan datang jam 6.
7. A: Kamu (pilih) yang mana?
   B: Tidak tahu. Saya belum punya (pilih).
8. Ibu! pacar saya akan (makan) di sini, jadi saya harus menyiapkan (makan) yang enak dan khusus.
9. Karena suka sekali (baca), dia tiap bulan selalau membeli (baca) baru.
10. Walaupun dia (ketik) cepat sekali, (ketik) dia ada yang salah.
11. Saya tidak pernah (simpan) uang saya. Jadi, saya tidak punya (simpan).
12. Yanto jarang (tonton) televisi karen a tidak ada (tonton) yang menarik.
13. Kami (undang) oleh Farid, Alex, dan juga Candra. Akhir minggu ini kami menerima 3(undang) pesta pernikahan.
14. Orang itu terlalu suka (keluh). Dalam waktu satu minggu kami sudah mendapat 5 kali (keluh) dari dia.

15. Toko itu (jamin) barang-barang elektronik yang dijualnya. Untuk kulkas ini, mereka memberi (jamin) 3 tahun.
16. (makan) di rumah sudah habis. Kalau kamu mau (makan), kamu pergi ke restoran saja.
17. Ibu tidak suka(belanja) sendiri karena beliau tidak mau membawa (belanja) yang (berat).
18. Di tempat itu tidak ada orang yang saya (kenal). Kalau tidak ada (kenal), tentu saja saya tidak mau datang.
19. Nenek saya masih (ingat) semua cerita itu. (ingat) beliau masih baik.
20. Sebenarnya kami mau (bantu), tetapi dia berkata bahwa dia tidak perlu (bantu).

연습문제 4

접사를 사용하여 주어진 괄호에 적합한 형태의 단어를 넣으시오!

1. A: Dia sedang (minum) apa?
   B: (minum) keras. Dia (minum) berat.

2. Saya sedang (ajar) Filsafat Buddha. (Ajar) saya dosen di HUFS. Sekarang saya tahu banyak tentang (ajar) Buddha.

3. Baju yang harus (cuci) banyak. Saya tidak dapat (cuci) semua baju itu sendiri, jadi saya perlu (bantu) dari seorang (bantu).

4. Sejak kecil Yanusa ingin menjadi (tulis). Dia senang sekali (tulis) cerita pendek. Remaja-remaja suka sekali membaca (tulis) Yanusa.

5. A: Kamu punya (tabung) di bank itu?
   B: Ya, tapi tidak banyak. Saya bukan (tabung) yang kaya.
   A: Berapa lama kamu sudah (tabung) di sana?

6. A: Siapa yang (kirim) surat ini?
   B: Maaf, saya tidak tahu karena tidak ada nama (kirim).
   A: Kalau begitu, tolong periksa (kirim) ini di resepsionis.

7. A: Apa kamu sudah(tonton) film '대장금'?
   B: Belum. Ketika saya mau (tonton) kemarin, bioskopnya ramai sekali. (tonton) harus antri untuk membeli karcis.

A: Benar? Apa '대장금' benar-benar (tonton) yang menarik?

   B: Katanya begitu.

8. A: Pacar yang mana akan kamu (pilih) untuk menjadi suami?

   B: Belum tahu. Aku bingung karena (pilih)nya terlalu banyak.

9. (pesan) lah makan siang anda di restoran kami. Kami akan mengantar (pesan) Anda tanpa biaya tambahan. Harap (pesan) menelepon sebelum jam 11.

10. A: Tidak ada orang yang (jawab) telepon.

    B: Sama sekali tidak ada (jawab)?

    A: Ya, mungkin mesin (jawab) teleponnya rusak.

연습문제 5

접사 –an 혹은 ke–an을 사용하여 주어진 괄호에 적합한 형태의 단어를 넣으시오!

1. Kami sedang menunggu (pesan) kami.
2. Apa ada (mungkin) dia kembali ke sini?
3. Dia membuat (salah) yang bodoh sekali
4. Mereka tidak punya (tabung).
5. Kami bingung karena (pilih) yang terlalu banyak.
6. Komik itu bukan (baca) untuk anak-anak.
7. Direktur kami belum memberi (jawab).
8. (kirim) dari Jakarta sudah kami terima.
9. Dia selalu mencari (sibuk), tidak pernah bersantai-santai.
10. Konsultan itu menerima (bayar) dalam dolar Amerika.
11. (sulit) kami yang paling besar adalah komunikasi.
12. Saya tidak punya (sabar) dan (baik) hati seperti itu.
13. (aman) adalah kondisi yang sangat penting untuk turisme.
14. Mereka tinggal di rumah (sewa) di daerah Slipi.
15. Kami sedang menunggu (lahir) anak pertama kami.

Pelajaran 19
반복어 (Reduplikasi ; Kata Ulang)

1. 기 능

자동사, 명사, 형용사, 부사의 기능을 갖는다.

2. 형 태

다음과 같은 형태로 나타난다;

(1) 어근 + 어근

> makan-makan; batuk-batuk; duduk-duduk; mandi-mandi; minum-minum

(2) 어근 +(접두사 + 어근)

> memukul ⇒ pukul-memukul
> membantu ⇒ bantu-membantu
> menolong ⇒ tolong-menolong
> membahu ⇒ bahu-membahu
> berbalas ⇒ balas-berbalas

(3) 어근 +(접두사 + 어근 + 접미사)

> mencintai ⇒ cinta-mencintai
> menghormati ⇒ hormat-menghormati
> menyuapi ⇒ suap-menyuapi
> menutup ⇒ tutup-menutupi

(4) (접두사 + 어근) + 어근

> berjalan-jalan
> bereriak-teriak
> menjadi-jadi
> termenung-menung
> terkencing-kencing
> melompat-lompat
> bersenang-senang

(5) 접두사 +(어근 + 어근) + -an

> bersalaman　⇒　bersalam-salaman
> berpelukan　⇒　berpeluk-pelukan
> berdekatkan　⇒　berdekat-dekatan
> bertembakan　⇒　bertembak-tembakan
> berheranan　⇒　berheran-heranan
> berlarian　⇒　berlari-larian

(6) 음절의 모음 교체 반복

> bolak-balik;
> lalu-lalang;
> kelap-kelip
> cerai-berai
> compang-camping
> mondar-mandir

(7) 어근 + 어근 + -an

> rumah-rumahan
> sepeda-sepedaan
> orang-orangan

2. 형태 및 의미

1.1 동사형의 반복

1) 어근이 의미하는 행위의 반복 혹은 계속적인 행위

berteriak-teriak	소리를 질러대다
memukul-mukul	반복해서/계속해서 때리다
menggerak-gerakkan	반복해서/계속해서 움직이다/움직이게 하다
mengiris-iris	반복해서 썰다

2) 어근의미에 대해 상호 행위를 하다

bantu-membantu	상호/서로 돕다
tinju-meninju	상호/서로 치고받다
kunjung-meengunjungi	상호 방문하다

3) 어근의 의미와 관련 있는 행위와 관련한 일들을 언급하며 명사적으로 사용된다

cetak-mencetak	출판 활동과 관련된 일들
karang-mengarang	글을 쓰는 활동과 관련된 일들
coret-mencoret	줄긋는 일; 갈겨씀; 글들을 대충 써댐

4) 어근의미와 관련된 일들의 행위를 특정의 목적을 갖지 않고 즐겁게, 편안하게 행동하다

membaca-baca	(집중하지 않고) 대충/느긋하게 읽다
makan-makan	즐기며/느긋하게 먹다
berjalan-jalan	산보하다, 거닐다

5) {ber-an}과 결합하여 어근이 의미하는 행위에 대해 상호행위를 나타낸다

berkirim-kiriman	서로 보내다
berolok-olokan	서로 비방하다
berpukul-pukulan	서로 치고받다

6) 어근이 의미하는 바의 최상급적인 의미

cerai-berai	완전히 분열된/파편이 된
pontang-panting	이리저리 흩어지다
tunggang-langgang	혼비백산하여 뛰다
hiruk-piruk	(최고조로) 소란스런, 법석의, 시끄러운

7) 어근이 의미하는 바에 대한 아쉬움, 불만, 투덜댐

> Datang-datang, langsung tidur (Baru saja datang, kok langsung tidur)
> 오자마자 자버리네!
> Tahu-tahu, film sudah bubar (Begitu sadar(tahu), (sayangnya) film sudah bubar'
> 알만하니/이해할만하니 영화가 끝나버렸다

1.2 명사의 반복

1) 복수의 의미

kemajuan-kemajuan	많은 발전
gedung-gedung	많은 건물; 건물들
orang-orang	사람들

2) 어근의 의미와 유사한 모형/물체

rumah-rumahan	장난감 집; 집 모형
sepeda-sepedaan	장난감 자전거; 자전거 모형
orang-orangan	허수아비; 사람모형

3) 양보의 의미(meskipun)

beras-beras(dimakannya)	'meskipun beras (dimakannya)'
sandal-sandal(diangkatnya)	'meskipun sandal (diangkatnya)'
darah-darah (diminumnya)	'meskipun darah (diminumnya)'

1.3 형용사의 반복

1) 더 ~하게

cepat-cepat	더 빨리
rajin-rajin	더 부지런하게

2) 접사 {ke-an}과 결합하여 '약간/agak'의 의미를 갖는다

kehijau-hijauan	약간 푸른/ 푸른 끼가 도는
keheran-heranan	약간 이상한/ 이상한 끼가 있는
kemerah-merahan	약간 빨간/ 빨간 끼가 도는

3) 어근이 의미하는 양보의 의미를 갖는다: '--할지라도'

> jelek-jelek(dia itu setia) 나쁘긴 하지만
> kecil-kecil(tapi amat dibutuhkan) 작긴 하지만
> -kecil-kecil cabai rawit (작긴 하지만 rawit 고추(매운 고추의 상징)다)

4) {se-nya}와 결합하여 최상급의 의미: 최대한 --하게

> sekecil-kecilnya 최대한 작게
> sedalam-dalamnya 최대한 깊게

1.4 수사의 반복: 어근의 집합적 의미를 나타냄

> berdua-dua 두 명씩
> berlima-lima 다섯 명씩

* 문장의미의 차이 *

> Dia berteriak, "Oh, Tuhan!" karena terkejut. (외치다)
> Dia berteriak-teriak, "Aduh, aduh, aduh, ..." karena kesakitan.
> (소리를 질러대다)
>
> Samapi di bundaran itu, mobil kami berputar. (돌다)
> Mobil kami sudah berputar-putar di dalam kompleks itu, tapi rumahnya tidak ditemukan. (뱅뱅돌다; 이리저리 돌다)
>
> Pada akhir minggu ini, marilah kita bersenang-senang di "노래방". (신나게 즐기다)
> Setelah minum obat itu, jantung saya langsung berdebar-debar dengan kencang.
> (두근거리다)
>
> A: Ada 15 mahasiswa, mau dibagi menjadi berapa kelompok?
> B: Berlima-lima. jadi semuanya ada tiga kelompok. (다섯 명씩)
>
> Tamu yang datang semuanya berdua-dua, hanya saya saja yang datang sendiri.
> (두 명씩)
>
> Satu hari kami tidak melakukan apa-apa, hanya bermain-main, berjalan-jalan, dan bersantai-santai saja. (그냥 놀기만 하다), (거닐다), (한가로이 쉬다)
>
> Setiap pagi saya melihat Pak Dodi berlari-lari di jalan di depan rumah. (뛰어다니다)

대화(Percakapan)

A: Ke mana saja selama akhir minggu?
B: Tidak ke mana-mana. bersantai-santai saja di rumah, Kamu?
A: Hari Jumat bersenang-senang di pub. Hari Sabtu berjalan-jalan. berputar-putar di mall Senayan City.
B: Wah, kedengarannya enak sekali ya. Dengan pacar?
A: Ya. saya dan pacar saya. Teman saya dan pacarnya. Kami berjalan berdua-dua.

연습문제 1

주어진 단어로 괄호 안에 적합한 단어 형태를 넣으시요!

1. Dia (kata) bahwa dia tidak mengerti.
2. Dia terdiam mendengar berita itu, tidak mampu (kata).
3. Burung-burang itu (pindah) ke tempat yang lebih hangat menjelang musim dingin.
4. Karena pekerjaan, dia sering (pindah) tempat tinggal.
5. Bicaralah yang keras, jangan (bisik).
6. Mereka terus (bisik) di pojok ruangan sehingga membuat kami curiga.
7. Roda sepedanya rusak, tidak bisa (putar).
8. Karena tidak ada lapangan, mereka hanya lari (putar) di dalam.
9. Dia sudah (janji) akan mengajakku makan malam.
10. Jangan (janji) lagi. Aku tidak percaya padamu lagi.
11. Bulan Oktober telah tiba. Musim akan segera (ganti).
12. Dia dipanggil buaya darat karena suka (ganti) pacar.
13. Tiba-tiba dia (teriak), "Ada Ular!"
14. Selama bis berhenti di halte, kondektur itu terus (teriak) memanggil penumpang.
15. Hari ini mendung sekali. Matahari sama sekali tidak (sinar).
16. Kaca jendelanya (sinar) kena sinar matahari.
17. Matanya mulai (kaca) ketika film itu sampai pada adegan yang menyedihkan.
18. Jantungku langsung (debar) ketika dia lewat di depanku.

19. Setiap hariistrinya (susah) mencari pekerjaan, sedangkan dia(senang) dengan teman-temannya.
20. Saya ingin berbicara (dua) saja dengan Anda.
21. Ali dan Badu, Cacuk dan Deden, mereka (dua) pergi menonton filem.
22. Anak-anak biasanya senang (main) petak umpet.
23. Jangan coba-coba (main) dengan anak gadis saya ya!
24. Dia segera (lari) ke luar ketika mendengar teriakan itu.
25. Saya melihat dia sedang (lari) di lapangan malam itu.
26. Kalau sedang jenuh, saya suka (jalan) di supermarket.
27. Anak kami sudah mulai bisa (jalan). Lucu sekali!
28. Di lantai diskotek kita bisa bebas (goyang) sepuas-puasnya.
29. Saya melihat korden jendela itu (goyang), walaupun tidak ada angin.

연습문제 2

문장에 적합한 단어 유형을 넣으시오!

(Ber-, Ber- + 반복, Ber-an, Ber- + 반복어 + -an)

1. Mereka menyanyi sambil .... gitar. (main)
2. Pasien rumah sakit jawa itu .... ketika diperiksa dokter. (teriak).
3. Rumah kami ...., jadi dia sring mampir. (dekat)
4. Ribuan penonton saling .... memasuki stadion. (desak)
5. Turis asing senang .... di pantai sambil mandi sinar matahari. (santai)
6. Tino, Jum, dan Ali .... akan pergi ke Lombok mengisi liburan. (tiga)
7. Pak Umar menbagi keenam enak itu menjadi tiga kelompok. Masing-masing kelompok .... (dua).
8. Sampah .... di pinggir jalan. Kotor sekali! (serak)
9. Yusuf sedang ....ketika kami tiba di rumahnya. (pakaian).
10. Dia seorang bagabond yang hidupnya............... (pindah)
11. Mereka .... tanpa .... apa-apa. (peluk, kata)
12. Ruang Betsy .... dengan ruang direktur. (sebelah)
13. Bom .... dari udara ke padang pasir Kadanhar. (jatuh).

14. Coffe shop yang .... di sana sini menunjukkan budaya minum kopi yang mulai memasyarakat. (muncul)
15. Kedua petinju itu .... selama 12 ronde. (pukul)
16. Ayah dan ibu................... menjaga nenek di rumah sakit. (ganti).
17. Kami tahu bahwa kami harus .... dengan produk impor. (saing)
18. Matanya .... menyaksikan peristiwa yang sangat dramatis itu. (kaca)

Pelajaran 20

접사 {-nya}

1. 기능

1) 대명사로서의 -nya:

   삼인칭 단수이외의 2인칭, 3인칭 복수, 사물, 또는 명사구를 지시하는 기능으로서의 -nya

> (1) Dia mempunyai mobil baru. Mobilnya bagus sekali.
>
> (2) Saya membeli sebuah buku cerita, tetapi sayang sekali saya belum sempat membacanya. (-nya = buku cerita)
>   (나는 한권의 이야기책을 샀다. 그러나 유감스럽게도 아직 그 책을 읽을 기회가 없었다.)

위의 문장(1)에서 mobilnya의 -nya는 앞 문장의 Dia를 그리고 (2)에서 membacanya에 내포되어 있는 -nya의 앞 절에서 사용된 사물 명사 sebuah buku cerita, 즉 삼인칭 단수 혹은 복수와는 관계가 없는 타동사의 목적어를 나타내고 있다. 심지어 다음의 문장들은 대명사로서의 -nya 기능이 확대되어 사용되고 있다.

> (3) Setelah mendaki dengan susah payah, kami tiba di puncak gunung itu. Rasanya sulit digambarkan. (힘들게 산을 오른 후에, 우리는 그 산의 정상에 도착했다. 그 느낌은 형용하기 어려웠다.)
>
> (4) Mulai dua tahun yang lalu penduduk desa itu menanam padi jenis baru. Ternyata hasilnya sangat menggembirakan. (2년 전 이후 마을 주민들은 신품종의 벼를 심었다. 그의 성과는 아주 놀라운 것으로 나타났다.)
>
> (5) Pembuktian korupsi itu menemui hambatan karena masalahnya menyangkut kerahasiaan bank. (부패를 증명하는 일은 그 문제가 은행의 비밀과 관련이 있기 때문에 장애에 봉착했다.)

2. 한정사로서의 -nya

대명사로서의 -nya 기능에 한정되는 것이 아니라 최근 구어체나 문어체에서 -nya의 기능이 한정 지시사 ini, itu와의 기능으로 확장되어 사용되고 있음을 예시하는 문장들이 나타나고 있음을 알 수 있는데 아래의 예문들을 살펴보자.

> (1) Saya harus kuliah setiap hari. Kuliahnya dimulai jam 8 pagi.
> (나는 매일 강의를 들어야 한다. <u>그</u> 강의는 아침 8시에 시작된다.)
>
> (2) Kami sudah membeli mobil, tapi mobilnya mobil bekas.
> (우리는 이미 자동차를 샀지만 그 자동차는 중고차다.)
>
> (3) Kami mengirim anak kami ke sekolah itu karena guru-gurunya profesional dan berpengalaman. (<u>그 학교의</u> 선생님들은 전문가들이며 경험이 많기에 우리는 우리 아이를 그 학교로 보냈다.)

3. 형용사 및 동사의 명사화 접미사로서의 -nya

> - 형용사의 명사화:
>
> Gedung-gedung yang TINGGI di dekat bandara udara
> (공항근처에 있는 높은 건물들)
> ⇒ (명사화) TINGGINYA gedung-gedung di dekat bandara udara
>   (공항근처에 있는 건물들의 높이)
>
> Pengeluaran kami yang BESAR bulan ini (이 달의 큰 우리의 지출)
> ⇒ (명사화) BESARNYA pengeluaran kami bulan ini (이 달의 우리 지출의 큼)
>
> - 동사의 명사화: (자동사형으로 어근동사, ber-, me-, ter-, di- 형의 동사
> (1) <u>Datangnya</u> kapan? (오는 것/게)
> (2) <u>Berjalannya</u> di atas jalan beku tidak mudah. (빙판을 걷는 것)
> (3) <u>Ditundanya</u> ujian itu membuat mahasiswa bersorak.
>   (연기됨)
> (4) <u>Tertangkapnya</u> penjahat itu membuat desa ini aman.
>   (잡힘)
> (5) <u>Tidak tertangkapnya</u> penjahat itu membuat warga cemas.
>   (잡히지 않음)

4. -nya 혹은 se-nya와 결합되어 사용하는 부사들의 형태

1) 어근 + -nya

아래 제시한 단어들에서 보는 바와 같이 부사, 형용사, 동사, 명사 어근과 한정 결합되어 나타나는데 부사 어근과 결합될 경우 단순히 부사로 사용되는 경우보다는 보다 겸손하고 부드러운 의미를 내포하면서도 강조를 뜻하며 문장전체를 수식하는 기능을 갖는다.

> **예** agaknya, akhirnya, artinya, biasanya, dengarnya, hendaknya, katanya, khususnya, kiranya, mestinya, nyatanya, pikirnya, rasanya, rupanya, pokoknya, sayangnya, tampaknya, umumnya, umpamanya, untungnya
>
> (1) Kamu harusnya datang kemarin. (의당)
>   (너는 의당 어제 왔어야 한다.)
> (2) Saya inginnya tidak datang kemarin. (원하건 데)
>   (내가 어제 오지/가지 않으려 했다.)
> (3) Dia agaknya takut untuk bertemu langsung denganku. (조금은)
>   (그는 나와 직접 만나기가 조금은 두려웠다.)

2) se- + 어근 + -nya

아래의 부사들은 특별한 의미를 내포하지는 않지만 어근의 의미에 따라 "가능한 한 --하게"란 의미를 갖기도 한다.

> **예** sebaiknya, sebenarnya, sebetulnya, secepatnya, seharusnya, selekasnya, semestinya, sepantasnya, sepatutnya, seyogianya, sesungguhnya,
>
> (4) Sebaiknya kita berangkat sekarang.
>   (우리가 지금 떠나는 게 좋겠다.)
> (5) Kami akan menyelesaikan tugas itu secepatnya.
>   ⇒ Kami akan menyelesaikan tugas itu secepat mungkin.
>   (우리는 가능한 한 빨리 과제를 끝낼 것이다.)

5. 구어체에서 -nya는 2인칭 대명사를 나타내기도 한다. 이 같은 경우는 구어체에서 자주 듣고 있으며 이와 유사한 예문들을 우리는 일상생활에서 흔히 사용하고 있다.

> (1) Namanya siapa? (당신의 이름은)
> (2) Umurnya berapa? (당신의 나이는)
> (3) Coba, suaranya lebih keras. (너의 목소리)

6. Topik-komen(화제-논쟁) 구문에서의 주어 대용어 기능으로서의 삼인칭 대명사

위에서 이미 -nya를 사용한 다양한 형태적인 기능면을 살펴보았다. -nya의 통사적인 기능을 갖는 다음의 Topik-Komen 문장을 살펴보자. 이는 한국어의 이중주어 구문과 같은 문장구조를 갖는다.

      Topik   Komen

(1) Rumah kami   // atapnya bocor.
    우리 집은   (우리 집) 지붕이 샌다.

(2) Pemimpin partai itu   // pendidikannya hanya sekolah dasar.
    그 당의 지도자는   (그 당의 지도자) 교육이 단지 초등학교 이다.

(3) Para petani   // sawahnya diserang hama wereng.
    모든 농부는   (모든 농부) 논이 벼멸구의 공격을 받았다.

(4) Rumah yang atapnya bocor itu // akan diperbaiki minggu depan.
    (지붕이 새는 그 집은 다음 주 수리될 것이다.)
    Bapak yang istrinya berasal dari Jeju itu // seorang pegawai pemerintah..
    (부인이 제주 출신인 그 분은 공무원이다.)

(5) Asisten dia   // anaknya lima. (수사)
                          lima anaknya.
    (그의 조교는   일이 매우 많다.)

(6) Sekolah itu   // halamannya luas. (형용사)
                         luas halamannya.
    (그 학교는   마당이 넓다.)

(7) Semua penduduk // akan diambil sidik jarinya. (di- 동사)
sidik jarinya akan diambil.

(모든 주민이) 지문이 채취 될 것이다.)

(8) Pendidikan itu // berbagai-bagai definisinya. (ber- 동사)
definisinya berbagai-bagai.

(그 교육은) 정의가 다양하다.)

(9) Penonton // tidak banyak waktunya terbuang. (ter- 동사)
waktunya tidak banyak terbuang.

(관중은) 시간이 많이 허비되지 않았다.)

Percakapan

A: Untuk apa mahasiswa-mahasiswa itu berdemonstrasi?
B: Mereka menuntut diturunkannya biaya kuliah.
A: Mereka seharusnya tahu bahwa pendidikan itu mahal.
B: Ya, sayang sekali.... mahalnya pendidikan seharusnya membuat mereka sadar bahwa mereka harus belajar lebih rajin atau lebih keras.
A: Kenyataannya, menurunnya minat belajar mereka benar-benar sangat memprihatinkan.

연습문제 1

(어근 혹은 접사 –nya를 사용한 적합한 형태의 단어를 넣으시오!

1. Biaya hidup di kota (tinggi).
   (tinggi) biaya hidup di kota membuat mereka pindah ke kampung.

2. Biaya hidup di Jakarta (besar).
   (besar) biaya hidup di Jakarta menambah beban hidup mereka.

3. Gaji yang mereka terima per bulan (kecil).
   (kecil) gaji yang mereka terima per bulan memaksa mereka mencari penghasilan tambahan di luar kantor.

4. Transportasi (sulit)

   (sulit) transportasi menghambat perjalanan mereka.

5. Mendapat uang dari orang tua (mudah).

   (mudah) mendapat uang dari orang tua membuat anak-anak menjadi manja.

6. Hidup di kota (berat).

   (berat) hidup di kota membuatnya lebih suka tinggal di desa.

7. Pekerjaan itu (ringan).

   (ringan) pekerjaan itu membuatnya merasa bosan.

8. Tempat tidur (sempit).

   (sempit) tempat tidur membuat mereka harus tidur berdesakan.

9. Nilai rupiah (lemah).

   (lemah) nilai rupiah membuat orang membeli dolar.

10. Barang-barag di Amerika (mahal).

    (mahal) barang-barang di Amerika membuat kami harus super hemat.

11. Jalan-jalan di daerah itu (rusak).

    Kami tidak dapat menyetir dengan baik karena (rusak) jalan-jalan di daerah itu.

12. Hubungan diplomatik kedua negara itu (putus).

    Apa yang menyebabkan (putus) hubungan diplomatik kedua negara itu?

13. Obat-obatan (habis).

    Anak-anak itu tidak tertolong karena (habis) obat-obatan.

14. Aktivis Hak Asasi Manusia itu (hilang).

    Mereka mengadakan demonstrasi sejak (hilang) aktivis itu.

15. Bom (jatuh) di Hiroshima dan Nagasaki.

    (jatuh) bom di Hiroshima dan Nagasaki menghentikan aksi militer Jepang di negara-negara Asia.

16. Perang Dunia Ke-2 (pecah).

    Negara itu menjadi miskin sejak (pecah) Perang Dunia Ke-2

17. Pilar jembatan di Tomang (patah).

    Tidak ada orang yang berani berdiri di bawah jembatan sejak (patah) pilar jembatan di Tomang.

18. Pendapatan bulanan (turun).

    Mereka tidak lagi pergi ke mana sejak (turun) pendapatan bulanan.

19. Kualitas hidup masyarakat (tingkat).

    Hal ini menunjukkan (tingkat) kualitas hidup masyarakat.

20. Jumlah penduduk yang sakit (besar).

    Tim medis merasa khawatir melihat (besar) jumlah penduduk yang sakit.

21. Program Keluarga Berencana di Indonesia (hasil).

    Banyak negara yang kagum pada (hasil) program Keluarga Berencana di Indonesia.

22. Penduduk miskin di Indonesia (tambah).

    (tambah) penduduk miskin di Indonesia sesudah krismon sangat memprihatinkan.

23. Jumlah anak yang meninggal (kurang).

    (kurang) jumlah anak yang meninggal menunjukkan kualitas hidup yang semakin baik.

24. Kulitas hidup kami (ubah).

    Krisis moneter menyebabkan (ubah) kualitas hidup kami.

25. Jalan itu (tutup).

    (tutup) jalan itu menambah kemacetan lalu lintas.

26. Hubungan perdagangan kedua negara (buka).

    Sejak (buka) hubungan perdagangan kedua negara, volume ekspor dari Indonesia meningkat.

27. (ditutup) jalan itu menambah kemacetan lalu lintas.

28. Sejak (dibuka) hubungan perdagangan kedua negara, volume ekspor dari Indonesia meningkat.

29. Sejak (dihapus) pajak impor, banyak orang membeli mobil *bulit-up* dari luar negeri.

30. Banyak penduduk menjadi sakit sejak (dipindahkan) pabrik itu ke daerah mereka.

31. Saya yakin (dipakai) cara itu tidak akan menyelesaikan masalah.

32. (diubah) peraturan pendidikan itu mengundang reaksi positif dari para guru.

33. Penyakit kanker dapat disembuhkan sejak (ditemukan) radium.
34. (dihentikan) bantuan luar negeri itu akan menambah masalah ekonomi dalam negeri.
35. (dinaikkan) ongkos taksi hanya menyulitkan para sopir taksi saja.
36. Sejak (dipotong) gaji bulanan, mereka selalu terlambat masuk kantor.
37. Banyak negara yang kagum pada (berhasil) program Keluarga Berencana di Indonesia.
38. (bertambah) penduduk miskin di Indonesia sesudah krismon sangat memprihatinkan.
39. (berkurang) jumlah anak yang meninggal menunjukkan kualitas hidup yang semakin baik.
40. Krisis moneter menyebabkan (berubah) kualitas hidup kami.
    Pajak impor (hapus).
41. Sejak (hapus) pajak impor, banyak orang membeil mobil built-up dari luar negeri.
42. Pabrik itu (pindah) ke daerah mereka.
    Banyak penduduk menjadi sakit sejak (pindah) pabrik itu ke daerah mereka.
43. Cara itu (pakai)
    Saya yakin (pakai) cara itu tidak akan menyelesaikan masalah.
44. Peraturan pendidikan itu (ubah).
    (ubah) peraturan pendidikan itu mengundang reaksi positif dari para guru.
45. Radium (temu).
    Penyakit kanker dapat disembuhkan sejak (temu) radium.
46. Bantuan luar negeri (henti).
    (henti) bantuan luar negeri itu akan menambah masalah ekonomi dalam begeri.
47. Ongkos taksi (naik).
    (naik) ongkos taksi hanya menyulitkan para sopir taksi saja.
48. Gaji bulanan (potong).
    Sejak (potong) gaji bulanan. mereka selalu terlambat masuk kantor.

49. Pak Beji (pilih) menjadi direktur.

    (pilih) Pak Choi menjadi direktur mengundang reaksi yang cukup keras dari para pegawai.

50. Mereka tidak lagi pergi ke kafe sejak (menurun) pendapatan bulanan.

51. Gambar ini menunjukkan (meningkat) kualitas hidup masyarakat.

52. Tim medis merasa khawatir melihat (membesar) jumlah penduduk yang sakit.

53. Krisis ekonomi itulah yang menyebakan (mengecil) subsidi dari pemerintah.

54. (mengering) sungai-sungai di daerah itu disebabkan musim panas yang panjang.

55. Provokator dapat memanfaatkan (memanas) kondisi politik ini.

56. Jarak ke Pusat kesehatan (jauh).

    (jauh) jarak ke Pusat Kesehatan mengakibatkan anak-anak yang sakit tidak tertolong.

57. Hubungan mereka (dekat).

    (dekat) hubungan mereka mengundang gosip-gosip.

58. Lalu lintas pada jam-jam sibuk (padat).

    (padat) lalu lintas pada jam-jam sibuk benar-benar menjengkelkan.

59. Harga Bahan Bakar Minyak (naik).

    (naik) harga Bahan Bakar Minyak memberatkan hidup rakyat kecil.

60. Hujan (turun).

    (turun) hujan menghentikan turnamen tenis itu.

Pelajaran 21

접사 {Se-}

I. 기 능 : 품사를 변화시키는 기능은 갖지 않으나 명사, 형용사, 동사, 수량사 등과 결합하여 다양한 의미를 갖는다.

II. 의 미

1. 명사와 결합하여 다음과 같은 의미를 갖는다.

   1) 하나의 의미인 satu의 단축 형으로 사용:

sebuah	⇒	satu buah	(한 개)
seorang	⇒	satu orang	(한 사람)
seekor	⇒	satu ekor	(한 마리)
sehelai	⇒	satu helai	(한 장)
seminggu	⇒	satu minggu	(한 주)

   - Kami hanya semalam di Bali (우리는 발리에서 하루 밤 있었다).
   - Afandi membeli sebuah mobil (Afandi는 한 대의 자동차를 샀다).

   2) 전체의 의미(seluruh):

sedunia	⇒	seluruh dunia	(전 세계)
seisi buku	⇒	seluruh isi buku	(책 전체 내용)
se-Jakarta	⇒	seluruh Jakara	(전 자카르타)
se-Indonesia	⇒	seluruh Indonesia	(전 인도네시아)

   - Orang sedesa(orang seluruh desa) berkumpul di lapangan.
     (마을 사람 전체가 운동장에 모였다.)
   - Di Yeosu akan diadakan Pameran Dagang sedunia
     (여수에서 전 세계 무역 박람회가 열릴 것이다).

3) 동등(sama/seperti), 같은 크기의(sebesar...), 혹은 만큼:

```
sekantor    ⇒  (같은 사무실, 한 사무실)
sekampung   ⇒  (같은 고향, 한 고향)
sekelas     ⇒  (같은 반, 한 반)
sesekolah   ⇒  (같은 학교, 한 학교)
segunung    ⇒  sama dengan gunung, sebesar gunung (산 크기만 한)
sekucing    ⇒  sama dengan kucing, sebesar kucing (고양이만한 크기의)
sekepala    ⇒  sama dengan kepala, sebesar kepala (머리 크기가 같은)
```

- teman sekantor (사무실 친구)
- teman se-SMA (같은 고등학교 친구)
- Yura pergi semobil dengan Ibunya (유라는 엄마와 같은 자동차로 간다).
- Seungeun dan Kangsim teman sejurusan (승은이와 강심이는 같은 과 친구다).
- Yanti boleh dikatakan senasib dengan saya.
 (Yanti는 나와 한 운명체라 말할 수 있다.)

2. 형용사와 결합하여 다음의 의미를 갖는다.

1) 동등의 의미 혹은 동등 비교급 문장을 만든다.

- Waktu itu gaji saya belum sebesar sekarang
 (그 당시 나의 봉급은 지금 만큼 크지 않았다).
- Ombak setinggi langit memukul kapal itu (하늘 높이의 파도가 그 배를 때렸다).
- Toro sepintar Maman. ⇒ Toro sama pintar dengan Maman.
 (Toro는 Maman 만큼 똑똑하다).

2) se- + 형용사의 반복 + -nya(최상급의 의미: paling)

```
sebaik-baiknya         최상의 (paling baik)
setinggi-tingginya     최고의 (paling tinggi)
sebenar-benarnya       가장 (paling benar)
sejujur-jujurnya       가장 정직하게 (paling jujur)
setidak-tidaknya       최소한 (sekurang-kurangnya), 반드시 (mesti ...)
```

sepintar-pintarnya, sebesar-besarnya, setinggi-tingginya, sekaya-kayanya seindah-indahnya, 등.

3. 극히 한정된 동사와 결합하여 다음의 의미를 갖는다.

1) -이후/하자마자(Satu waktu/sesudah)의 의미를 갖는다.

> setiba/sesampai (도착한 이후); seketika (-할 때에); sehabis (다 없어진 후); sepulang (돌아온 후에) 등 한정된 단어와 결합되어 나타난다;
>
> - Setiba di rumah, dia langsung tidur (집에 돌아오자 그는 곧바로 잠을 잤다).
> - Sepulang dari sekolah, Maria harus les matematika
>   (학교에서 귀가한 후, 마리아는 수학 과외를 해야 한다).
> - Sedatangmu, uang itu kubayar.
>   (그가 온 이후, 돈을 내가 지불했다.)

2) 정도

> - setahu saya (내가 아는 한),   semaumu (네가 원하는 만큼)
> - Seingatku anak itu pintar. (내가 기억하는 한 그는 똑똑하다.)
> - Setahuku ia anak rajin. (내가 아는 한 그는 부지런한 아이다.)

4. Se + 형용사의 반복 + nya의 형태를 취하여 최상급의 의미를 갖는 부사적 기능을 갖는다.

> sebaik-baiknya   최상의 (paling baik)
> setinggi-tingginya   최고의 (paling tinggi)
> sebenar-benarnya   가장 (paling benar)
> sejujur-jujurnya   가장 정직하게 (paling jujur)
> setidaknya = setidak-tidaknya 최소한 (sekurang-kurangnya), 반드시 (mesti ...)
>
> - Persoalan itu kita selesaikan melalui perundingan sebaik-baiknya.
>   ⇒ Persoalan itu kita selesaikan melalui perundingan dengan cara yang paling baik.
>   ⇒ Persoalan itu kita selesaikan melalui perundingan dengan cara yang terbaik.
>   (그 문제를 우리는 최상의 방법으로의 토론을 통해 끝냈다.)
>
>   ?Dia adalah murid yang *sepintar-pintarnya di kelas ini.
>   ?Dialah anak saya yang *setinggi-tingginya pendidikannya.

5. Se + 형용사 + nya 형태로 비교급의 의미를 갖거나 문장전체를 수식하는 부사를 만든다.

> sebaiknya   -게 낫다
> sebenarnya, sebetulnya   사실은, 진실은
> seharusnya   당연하다, 당연히
> sepatutnya, selayaknya, sepantasnya, semestinya, seyogiyanya
> 당연하다, -게 더 낫다
> sesungguhnya   사실은, -게 낫다
> sewajarnya   -게 당연하다

6. Se + 형용사 mungkin 형태로 "가능한 한 --하게"의 의미로 부사를 만든다.

> - Di sana kita bisa makan sekenyang mungkin. (가능한 한 배불리)
>   vs   Di sana kita bisa makan sekenyang-kenyangnya. (최대한 배불리)
> - Saya berlari secepat mungkin ketika anjing itu mengejar saya. (가능한 한 빨리)
>   vs   Saya berlari secepat-cepatnya ketika anjing itu mengejar saya. (최대한 빨리)

연습문제 1

적합한 형태의 se-, se + 형용사의 반복 + nya

1. Kunkun teman (kelas) saya waktu di Bandung.
2. Saya pikir Seoul belum (ramai) Jakarta.
3. (kampung) orang datang melihat helikopter itu.
4. Kami hanya (malam) di pulau Jeju.
5. Menurut temannya, ia datang (lambat) pukul 12.
6. (baik) kita beristirahat dahulu.
7. (rumahnya) kami terbangun mendengar tembakan itu.
8. Harap surat ini saudara balas (cepat) mungkin.
9. Beberapa tahun lamanya kami bekerja (kantor).
10. Pada tahun 2013 akan diadakan Konferensi Mahasiswa (Asia).
11. Ia tidak tahan tinggal (rumah) dengan mertuanya.

12. Saya tinggal (rumah) dengan Yura.
13. Ombak itu (rumah) besarnya.
14. Mr. Park harus kembali ke Korea (lekas).
15. Hanya (malam) kami menginap di rumah paman.
16. (malam) saya pergi ke rumah paman.
17. Para guru teladan (Indonesia) berkunjung ke Monas.
18. (pulang)mu dari sini, aku belajar matematika.
19. Petiklah mangga itu (mau) mu.
20. Angkat tanganmu (tinggi).
21. Bagaimana kami dapat melompati tembok (tinggi) itu?
22. Mengapa kau beli juga baju (mahal) itu?
23. Pedagang tentu ingin menjual barang (mahal) itu.
24. Dia berbuat (mau) hatinya saja.
25. Anak itu berbuat (mau) saja.

연습문제 2

적합한 형태의 어근, se-, se + 형용사 + -nya, se- 형용사의 반복 +-nya를 넣으시오!

A: Sebal aku! Sudah berdandan (cantik), kok, kamu sedikit pun tidak berkomentar.
B: Aku harus berkomentar apa? Kamu (benar) sudah cantik, kok.
A: (Benar)? Katakan (jujur).
B: Benar, tapi (baik) kamu jangan pakai deh benda-benda itu. Aku lebih suka kamu tampil apa adanya.

A: Apa make-upku terlalu tebal? Lain kali, aku bisa memoleskan bedak dan lipstikku (tipis) mungkin.

B: (tipis) make-upmu , masih lebih baik yang alamiah, tahu.

A: Ya, kok begitu sih? Katanya, warna itu cantik kalau kulitnya (putih) dan bibirnya (merah).

B: Kamu itu kalau bersikap, bersikaplah yang wajar. Jangan norak begitu, tahu!!

A: Lho, kamu kok jadi sewot. (norak) aku, aku jauh lebih baik dari si Tuti yang suka membedaki muka (putih) dan memolesi bibir (merah) itu. Ya kan?

sebal 짜증나다; berdandan 치장하다, 화장하다; tampil 나타나다
memoles (립스틱, 화장품 등을) 바르다; alamiah 자연적인; bersikap 자세를 취하다
norak (화장, 옷매무새 등이) 어울리지 않다, 어색하다; sewot 유감스런, 화난, 어이없는

연습문제 3

아래 예문들에 나타난 se- 의미를 주의하여 문장을 해석하시오!

1. Dengan instrumen perizinan, kekuatan politik masyarakat sipil dapat ditekan *seminimal* mungkin, sesuai dengan kepentingan politik yang berkuasa.
2. *Sejauh* mata memandang, hanya kelihatan hamparan sawah yang menguning.
3. Kamu memang tidak *secerdik* abangmu yang dapat menghindar dari masalah-masalah semacam ini.
4. Instrumen ini sangat efektif digunakan untuk menjegal *setiap* kekuatan politik masyarakat sipil yang muncul.
5. Sudah *sejam* lamanya mereka tunggu, namun yang akan berkunjung belum juga muncul.
6. Tidak benar apa yang terjadi selama ini, bahwa yang seharusnya mengawasi atau mengontrol justru menjadi *sebaliknya*, diawasi dan dikontrol.
7. Eksistensi lembaga perizinan hanya disasarkan pada kepentingan kekuasaan yang dominan dengan tujuan politis sehingga *secara* konstitusional hal tertentu merupakan penyimpangan terhadap asas kedaulatan rakyat dan negara hukum.
8. Sudah *seharusnya* siswa menanamkan kepeduliannya terhadap pelestarian lingkungan di tempatnya masing-masing.
9. Jaminan dan perlindungan hukum terhadap hak-hak asasi warga negara yang secara tegas diatur di dalamnya harus mendapat penghormatan yang *setinggi-tingginya*.
10. Negara dengan segala kekuasaannya tidak diperkenaan bertindak *sewenang-wenang* terhadap hak-hak asasi warga negaranya.

Pelajaran 22
관형어적인 성격의 접사들

비생산적인 접사로 관형어를 이루며 한정된 단어와 결합되어 나타나는 접사들이 있다.

1. 분리 접사 {ber-kan}

분리접사 -ber-kan의 구조는 현대 인도네시아에서는 한정적으로 사용되는 유형이며 이들 형태의 구조를 살펴보면 아래와 같다.

```
        ber    senjata    kan
                 │
            bersenjata  +  kan

1 단계  ⇒   ber + senjata       ⇒  bersenjata
2 단계  ⇒   bersenjata + kan    ⇒  bersenjatakan
```

아래의 예들에서 접미사 -kan은 akan(-에 대하여, 어근으로써 사용하다, 어근으로써 취하다)의 의미를 갖는다.

beralaskan	-에 대해/-로 깔판으로 사용하다
bermimpikan	-에 대해 꿈을 꾸다 (bermimpi akan)
bersenjatakan	-를 무기로 사용하다 (memakai -- sebagai senjata)
berdasarkan	-를 근거/바탕으로 하다
beristrikan	-를 부인으로 맞이하다
bermodalkan	-를 자본으로 사용하다
beratapkan	-를 지붕으로 사용하다

2. 접미사 {-wan/-man} & {-wati}

명사 기능을 가지며 산스크리트어 영향을 받은 접사이며 -wan은 남성, -wati는 여성을 의미하는데 현대에는 대표 접미사로 -wan을 사용하는 경향이 있다.

1) 어근이 의미하는 분야의 전문가/ 학자

ilmuwan	학자
budayawan	문화인, 문화를 전문으로 하는 학자
budiman	현명한 사람
dermawan	기부가
hartawan	재산가
sukarelawan	자선 봉사자

2) 어근이 의미하는 분야에서 특별한 직업을 가진 사람

wartawan	기자
wartawati	여기자
usahawan	사업가

3) 어근 의미하는 바에 대해 탁월한 성격을 소지한 사람

cendekiawan	현자, 현명한 사람, 지식인
rupawan	잘생긴 사람

3. 접요사 {-el, -em, -er}

비록 접요사와 결합되긴 하였으나 이미 독자적인 명사의미를 갖고 있으며 한정된 어근에서 나타난다.

tapak	⇒	telapak	(손, 발바닥)
tunjuk	⇒	telunjuk	(검지)
getar	⇒	geletar	(떨림)
getar	⇒	gemetar	(떨림)
suling	⇒	seruling	(고동, 피리, 경적)
gigi	⇒	gerigi	(톱니 류)
gigi	⇒	geligi	(이빨 떨림)
patuk	⇒	pelatuk	(벌레 등을 쫌)
gendang	⇒	genderang	(큰 북)

4. 산스크리트어에서 유래된 접미사 {-i, -a}

siswa (남학생)　　　& 　siswi (여학생)
mahasiswa (남자 대학생, 대학생) & mahasiswa (여자 대학생)
dewa (남성 신)　　& 　dewi (여성 신)
putra (아들)　　　& 　putri (딸)

5. yang을 사용하여 형용사, 동사, 구, 절 등이 갖는 불완전 명사를 만든다.

Yang kuning　　노란 것 (사람/사물)
Yang pintar　　똑똑한 자
Yang berjalan　걸어가는 사람
Yang tidur　　　자는 사람
Yang sedang membicarakan masalah sosial　사회문제에 대해 이야기하는 자/사람

6. 아랍어에서 온 접사로 명사를 만듦: {-in, -at}

|　(남성 명사)　|　|　(여성 명사)　|
hadirin　　남성참석자　　& 　hadirat　　여성 참석자
muslimin　무슬림 남성　　& 　muslimat　무슬림 여성
mukminin　남성 거주자　　& 　mukminat　여성 거주자

7. 영어 혹은 유럽어의 영향을 받은 접사들:

-ika (학술 분야)　　　　　fisika
-si (분야에서의 활동가)　musisi; politisi; teknisi
-ir (행위자)　　　　　　importir, eksportir
-ur (행위자)　　　　　　direktur, kondektur, inspektur; redaktur
-us (남자)　　　　　　　politikus, musikus, kritikus
-isme (주의, 사상)　　　 kapitalisme, feodalisme. islamisme
-sasi (과정)　　　　　　organisasi, spesialisasi, inventarisasi, neonisasi
-or (행위자)　　　　　　aktor, diktator, proklamator, konduktor, indikator

해 답

Pelajaran 3

연습문제 1

1. 그 범죄자는 마을에 숨어있다.
2. 그는 운동하는 것을 좋아한다.
3. 나는 얀띠와 토론을 한다.
4. 나의 아버지는 소를 기른다.
5. 그들은 그들 친척들 집에서 르바란 휴가를 보냈다.
6. 나는 인도네시아로 가려는 열의를 갖고 있다.
7. 계절이 다음 달에 바뀐다.
8. 그의 얼굴에 땀이 난다.
9. 우리는 둘이 갔다.
10. 그들 셋은 영화관에 간다.
11. 학교에 갈 때는 그는 교복을 입어야 한다.
12. 가난한 친구들을 돕기 위하여, 교내 학생조직(OSIS)은 간식을 학교 매점에서 음료를 판다.
13. 닭이 하루에 한 알을 낳는다.
14. 매일 아침 아버지는 사무실에 가기 전에 면도를 한다.
15. 그 형제지간은 거의 의견에 차이가 있다.
16. 자녀의 학비를 대기위하여, 어머니는 시장에서 야채가게를 하신다.
17. 예전부터 그는 항상 나에게 형이라 불렀다.
18. 그는 세속적인 부에 노예가 되기를 원한다.
19. 우리는 너의 아버지가 타계하신 것에 대해 삼가 고인의 명복을 빈다.
20. 나는 단순히 책을 읽기 위해서만 안경을 쓴다.

연습문제 2

1. berlari;
2. basah;
3. berhenti;
4. kembali;
5. berkata;
6. lahir;
7. bertani, beternak;
8. pindah;
9. berenang;
10. kuat;
11. bersedih; bergembira;
12. tumbuh;
13. bersatu;
14. berdua;
15. lepas;
16. berhasil;
17. berbunyi;
18. patah, jatuh;
19. beruntung, bertemu;
20. ikut, bermain

Pelajaran 4

연습문제 1

1. mengajak;
2. mengirim;
3. mencatat;
4. membeli;
5. mengepel;
6. menghitung;
7. memerah;
8. menyapu;
9. memilih;
10. menutup

연습문제 2

1. berputar,
2. bertanam,
3. berair,
4. berobat,
5. menggantung,
6. berhenti
7. mencair,
8. bertindak,
9. meninju,
10. merangkak,
11. bertengkar,
12. bercerai,
13. berkeluh,
14. memuji,
15. menyilet

연습문제 3

1. berisi
2. berlatih
3. menambah
4. mengisi
5. melatih
6. bertambah
7. berubah
8. menghitung
9. berbentuk
10. mengubah
11. membentuk
12. berjumlah
13. berputar
14. berhitung
15. memutar
16. menjumlah
17. berganti
18. mengganti
19. bersatu
20. menyatu

연습문제 4

1. berubah
2. mengubah
3. berbentuk
4. membentuk
5. berisi
6. mengisi
7. berjumlah
8. menjumlah
9. berganti
10. mengganti

11. berputar   12. memutar   14. menggabungkan   15. bertambah
16. menambah   17. berlatih   18. melatih   19. menghitung
20. berhitung   21. berbuat   22. membuat   23. berkumpul
24. mengumpulkan   25 bercerita   26 menceritakan   27 berhenti
28. menghentikan   29. berhasil   30 menghasilkan   31. berkembang
32. mengembangkan

Pelajaran 5

1) 다음 문장을 수동태로 고치고 해석하시오.

　1. Ia menggoreng ubi di dapur.
　2. Gigimu harus kamu gosok setiap pagi.
　3. Film itu ditonton oleh Yanto tadi malam.
　　 Film itu Yanto tonton tadi malam.
　4. Majalah itu telah aku baca.
　5. Ayah ditunggu (oleh) tamu di ruang tamu.
　6. Sewa rumah kami bayar setiap tahun.
　7. Buku itu ditulisnya pada tahun yang lalu.
　8. Uang itu harus Anda hitung lebih dahulu.
　9. Sandal saya dipakai (oleh) siapa?
　10. AC kami pasang di ruang rapat.
　11. Mobil sedan dicurinya tadi malam.
　12. Berita itu didengarkan (oleh) semua orang dari TV.
　13. Sebuah toko akan dibeli oleh pedagang itu.
　14. Kue dimasak oleh Yanti di dapur.
　15. Buku cerita itu sedang dibaca oleh adikku.

2) 다음 문장을 능동태로 고치고 해석하시오.

　1. Saya meminjam buku itu dari teman.
　2. Kami membersihkan lapangan tenis ini kemarin.
　3. Yanto sudah membawa tas saya.
　4. Tiap malam ibu menunggu saya di halte bus.
　5. Kakakku membangunkan saya tiap pagi.
　6. Orang tua saya mengundang tamunya ke rumah saya.

7. Tiap hari supir mencuci mobil kami.

8. Saya sudah meminjam banyak uang dari Bank.

9. Ibu Yanti menjual sepatu di toko.

10. Adik Mira mengundang temam-temannya pada hari ulang tahunnya.

3) 다음 괄호 안에 맞는 단어를 선택하시오.

1. menjahit   2. menelepon   3. dipotong   4. mendaki
5. memberi   6. menulis   7. dipasang   8. menyapu
9. memukul   10. ditangkap   11. digigit   12. dimakan
13. dicari   14. diundang   15. dicuri   16. menggunting
17. membawa   18. menjemput   19. diminum   20. menerima

Pelajaran 5

연습문제 1

1. bukti, membuktikan   2. cerita, menceritakan
3. filem, memfilemkan   4. dokumentasi, mendokumentasikan
5. informasi, menginformasikan   6. manfaat, memanfaatkan
7. hasil, menghasilkan   8. gambar, menggambarkan
9. salah, menyalahkan   10. benar, membenarkan
11. mandi, memandikan   12. mengerjakan, bekerja
13. berbicara, membicarakan   14. bertemu, menemukan
15. tinggal, meninggalkan

연습문제 2

1. kuning, menguning, kuning, menguningkan;
2. mengeringkan, mengering, kering;   3. memanjang, panjang, memanjangkan;
4. memerahkan, memerah, merah;   5. memanas, panas, dipanaskan;
6. membesarkan, membesar, besar;   7. mencair, cair;
8. mencairkan;   9. mengecil, mengecilkan, kecil;
9. memutihkan; putih, memutih;   10. hitam, menghitamkan, menghitam;
11. lebar, melebar;

연습문제 3

1. mencari, mencarikan;
2. memakaikan, memakai;
3. memilihkan, memilih;
4. membelikan, membeli;
5. dibaca, membacakan;
6. dibayar, membayarkan;
7. mengantre, mengantrekan;
8. tulis. menuliskan;
9. membukakan, dibuka;
10. mengambil, mengambilkan;
11. buat, membuatkan

연습문제 4

1. mengkhawatirkan, khawatir,
2. beruntung, menguntungkan,
3. kecewa, mengecewakan,
4. bangga, membanggakan,
5. bosan, membosankan;
6. bingung, membingungkan,
7. mengagumkan, kagum,
8. rugi, merugikan,
9. lega, melegakan,
10. sedih,
11. puas, memuaskan;
13. (ber)senang, senang;
14. yakin, meyakinkan;
15. curiga, mencurigakan;
16. takut, 30. menakutkan

연습문제 5

1. melebarkan, melebar, lebar,
2. besar, membesar, membesarkan
3. kering, mengering, mengeringkan
4. menguning, menguningkan, kuning
5. menaik, naik, menaikkan
6. menurunkan, menurun, turun
7. menghilang, hilang, menghilangkan
8. pucat, memucat, memucatkan

연습문제 6

1. membicarakan,
2. mengerjakan,
3. berkumpul,
4. menanyakan,
5. berkembang,
6. menghentikan,
7. berjalan,
8. berbicara,
9. mengumpulkan,
10. menghasilkan,
11. mengembangkan,

12. menjalankan, 13. berhasil, 14. berjalan, 15. menggerakkan,
16. memikirkan, 17. berharap, 18. mengharapkan, 19. bergerak,
20. mengharapkan

연습문제 7

menyenangkan, memuaskan, menjengkelkan, mengecewakan,
menyesal, menggemaskan, menggairahkan, mengejutkan,
mengejutkan, menjijikkan, memalukan, menjijikkan,
benar, memalukan, menakutkan, mencemaskan,
merepotkan, meyakinkan, yakin, melelahkan,
menyebalkan

Pelajaran 7

연습문제 1

1. memasuki 2. masuk 3. datang 4. mendatangi
5. mengikuti 6. ikut 7. melewati 8. lewat
9. menduduki 10. duduk 11. kawin
12. mengawini/ mengawini? 13. meniduri 14. tidur
15. menjauhi 16. jauh 17. dekat 18. mendekati
19. menyukai 20. menikahi 21. berkunjung 22. menikahi
23. mengunjungi 24. menemui 25. mengelilingi 26. berkeliling
27. bertemu 28. menghormati 29. hormat 30. mempercayai
31. percaya 32. menyetujui 33. setuju 34. para
35. memarahi 36. jatuh 37. menjatuhi 38. turun
39. menuruni 40. menaiki 41. naik 42. berteman
43. menemani 44. menyeberangi 45. menyeberang

연습문제 2

1. memasuki 2. mendatangi 3. ikut 4. melewati
5. menduduki 6. jauh 7. menyukai 8. mendekati
9. menikahi 10. berkunjung 11. menemui 12. berkeliling
13. dihormati 14. percaya 15. ditangani, disetujui

16. dimarahi   17. hadir   18. menjatuhi   19. menuruni
20. naik   21. ditemani   22. menyeberang   23. menjauhi
24. dikunjungi   25. mengikuti,   26. melempari,   27. melunasi,
28. membubuhi,   29. mencabuti,   30. mengirimi

Pelajaran 8

연습문제 1

1. memasuki, memasukkan, masuk;   2. mendatangi, mendatangkan, datang;
3. duduk, menduduki, mendudukkan;   4. kawin, mengawinkan, mengawini;
5. meniduri, tidur, menidurkan;   6. jauh, menjauhkan, menjauhi;
7. mendekati, mendekatkan, dekat;   8. menjatuhi, jatuh/terjatuh, menjatuhkan;
9. naik, menaikkan, menaiki;   10. turun, menuruni, menurunkan;
11. menyeberang, menyeberangi, menyeberangkan;
12. hadir, menghadirkan, menghadiri;   13. mengelilingi, mengelilingkan, berkeliling;
14. menikah, menikahi, menikahkan;   15. jatuh, menjatuhi, menjatuhkan

연습문제 2

1. masukkan; dimasuki;   2. memasuki; memasukkan;
3. didatangi; didatangkan;   4. mendatangi; mendatangkan;
5. dimasukkan; dimasuki;   6. memasukkan; memasuki;
7. didatangi; mendatangkan;   8. menanyakan; ditanyai;
9. didatangkan; mendatangi;   10. didekatkan; mendekati;
11. menjalani; dijalankan;   12. kirimi; kirimkan;
13. dimasukkan; dimasuki;   14. ditiduri;
15. dinaiki;   16. diduduki;
17. dimampiri;   18. mampiri

연습문제 3

1. menawarkan, menawari;   2. mengabarkan, mengabari,
3. menghadiahkan, menghadiahi;   4. menanyakan, menanyai;
5. menugaskan, menugasi;   6. meminjamkan, meminjami;
7. meneriakkan, meneriaki;   8. menugaskan, menugasi;

9. mengatakan, mengatai;
10. menceritakan, menceritai;
11. menanamkan, menanami;
12. menghujankan, menghujani;
13. menyemprotkan, menyemproti;
14. memuatkan, memuati;
15. menaburkan, menaburi;
16 melumurkan, melumuri;
17. menuangkan, menuangi;
18. meneteskan, menetesi;
19. menyiramkan, menyirami;
20. menyorotkan, menyoroti;
21. membebankan, membebani;
22. mengoleskan, mengolesi;
23. menempelkan, menempeli;

연습문제 4

1. menyumbuhkan
2. menemani
3. mengalami
4. mengurangi
5. menasehati
6. menandatangi
7. melayani
8. menyelesaikan
9. memiliki
10. menangani
11. membiayai
12. mengakui
13. menikmati
14. menghormati
15. memenuhi

연습문제 5

1. mengurangi
2. mengobati
3. menyelesaikan
4. melayani
5. menasihati
6. memindahkan
7. dibersihkan
8. menemani
9. kerjakan
10. menandatangani
11. menikmati
12. dimiliki
13. siapkan
14. diperbaiki
15. mengakui
16. dijelaskan
17. mengalami
18. membiayai
19. mengatakan
20. diatasi
21. memenuhi
22. dihabiskan
23. dibatalkan
24. menangani
25. ditangani

연습문제 6

1. menugasi;
2. menanyakan;
3. menghadiahi;
4. mengajari;
5. meminjamkan;
6. menawari;
7. menceritakan;
8. meneriaki;
9. mengtakan;
10. menguasai;
11. menaburkan;
12. menugaskan;
13. menanyai;
14. menghadiahi;
15. menaburi;
16. mengabarkan;
17. meminjami;
18. menawarkan;
19. mengoleskan;
20. menceritai;
21. menuangi;
22. meneriakkan;
23. membebani;
24. mengatakan;
25. menghujani;
26. menugaskan;
27. mengolesi;
28. membebani;
29. menuangkan;
30. menghujankan

연습문제 7

1. menghadiri;   2. menidurkan;   3. menjatuhkan,   4. didekati;
5. diduduki;   6. menikahi;   7. mendatangkan;   8. menaiki;
9. menurunkan;   10. memasukkan;   11. mengelilingi;   12. melewati

Pelajaran 9

연습문제 1

1. memperbesar, membesarkan;   2. memperpanjang, memanjangkan;
3. menjelaskan, memperjelas;   4. mengecilkan, memperkecil;
5. memperdalam, mendalamkan;   6. memendekkan, memperpendek;
7. sulitkan, persulit;   8. memperlambat, melambatkan;
9. memperluas, meluaskan;   10. meninggikan, mempertinggi;
11. memudahkan, mempermudah;   12. mencepatkan, mempercepat;
13. menguatkan, memperkuat;   14. melemahkan, memperlemah;
15. mencantikkan, mempercantik;   16. menjelekkan, memperjelek;
17. memperoleh

연습문제 2

1. diperbesar;   2. dikecilkan;   3. memperdalam;   4. menjelaskan;
5. memperpanjang;   6. mengecilkan;   7. menyulitkan;   8. memperluas;
9. mempertinggi;   10. memudahkan;   11. mencepatkan;   12. memperpendek;
13. memperpanjang;   14. menyulitkan;   15. menjelaskan;   16. perpanjang;
17. memperlambat;   18. mempercantik;   19. dipersulit;   20. perkecil;
21. peroleh;   22. memudahkan;   23. memperkuat;   24. melambatkan;
25. mengindahkan

Pelajaran 10

연습문제 1

1. memperdengarkan; 2. mempertunjukkan;
3. memperingatkan; 4. melalukan; 5. memainkan; 6. memperlakukan;
7. mempermalukan; 8. memperingatkan; 9. mempermainkan; 10. memperingatkan;
11. membosankan; 12. menunjukkan; 13. melakukan

연습문제 2

1. memperhatikan; 2. mempermainkan; 3. mempekerjakan; 4. memperkenalkan;
5. memperkirakan; 6. memperingati; 7. memperbaiki; 8. mempermasalahkan;
9. memperlihatkan; 10. memperdagangkan; 11. mempelajari;
12. memperdebatkan; 13. mempertimbangkan;
14. memperingati; 15. memperlakukan; 16. menggunakan; 17. memperbarui;
18. mempertunjukkan; 19. mempertemukan;
20. mempersatukan/ menyatukan; 21. memperdengarkan;
22. mempersiapkan/menyiapkan; 23. memperbaiki;
24. memperingati; 25. mempertanyakan

연습문제 3

1. mendengar, mendengarkan, memperdengarkan
2. melihat, memperlihatkan
3. bermain, memainkan, mempermainkan
4. bekerja, mengerjakan, mempekerjakan
5. melakukan, memperlakukan
6. menunjuk, menunjukkan, mempertunjukkan
7. ingat, mengingat, mengingatkan, memperingatkan
8. bertemu, menemukan, menemui, mempertemukan
9. malu, memalukan, mempermalukan
10. mengira, memperkirakan
11. kenal/mengenal, mengenalkan/memperkenalkan
12. menimbang, mempertimbangkan, menyatukan/mempersatukan
13. menanyai, menanyakan, mempertanyakan

연습문제 4

1. mendengar; mendengarkan; memperdengarkan
2. melihat; memperlihatkan
3. bermain; memainkan; mempermainkan
4. bekerja; mengerjakan; mempekerjakan
5. melakukan; memperlakukan
6. menunjuk; menunjukkan; mempertunjukkan
7. ingat; mengingatkan; memperingatkan; memperingati
8. bertemu; menemui; menemukan; mempertemukan
9. malu; memalukan; mempermalukan
10. kira/mengira; memperkirakan
11. mengenal; mengenalkan
12. menimbang; mempertimbangkan
13. bersatu; menyatukan
14. bertanya; menanyai; menanyakan; mempertanyakan

연습문제 5

1. memperisteri;
2. merebutkan/memperebutkan;
3. memperburuk;
4. mempermasalahkan;
5. memperlihatkan;
6. memperlengkapi
7. memperjuangkan;
8. memperparah;
9. memperingati;
10. memperbaiki
11. mempersenjatai;
12. mempersatukan;
13. memperluas;
14. mempersatukan
15. memperkirakan;
16. memperalat;
17. memperbarui;
18. memperbudak
19. memperlebar;
20. memperdalam

연습문제 6

1. memperkuat; 2. mempercepat; 3. memperpendek; 4. mencantikkan;
5. mempercantik; 6. menemukan; 7. mempertemukan; 8. memperkirakan;
9. memperbarui; 10. memperlengkapi

연습문제 7

memperdebatkan; mempermalukan; melupakan; ingati;
diperlakukan; dipermainkan; menunjukkan; malu;
memperlihatkan; memperingati; memperbaiki; diperkirakan;
memperpanjang; memperhatikan; mempertanyakan; mempertimbangkan;
mempertemukan

Pelajaran 11

연습문제 1

1a. dibuang, b. terbuang; 2a. terminum, b. diminum;
3a. dibawa, b. terbawa; 4a. ditukar, b. tertukar;
5a. terpakai, b. dipakai; 6a. ditinggal(-kan), b. tertinggal;

연습문제 2

1a. terbeli; b. dibeli; 2a. dilihat; b. terlihat;
3a. dibaca; b. terbaca; 4a. terdengar; 4b. didengar;
5. terjual; 6. terangkat

연습문제 3

1a. terbuka, b. dibuka; 2a. tertutup; b. ditutup;
3a. terkunci, b. dikunci; 4a. ditulis, b. tertulis;
5a. mengganggu, b. terganggu; 6a. diletakkan, b. terletak

연습문제 4

1a. tertawa, b. menertawai; 2a. tersenyum, b. menyenyumi;
3. dikejutkan, b. terkejut; 4a. jatuh/terjatuh, b. jatuh/terjatuh;
5a. ingat, b. teringat; 6a. mengejutkan, b. terkejut

종합연습문제 1

1. bangun, terbangun;
2. tertutup, ditutup;
3. terbuang, dibuang;
4. terbuka, dibuka;
5. ingat, diingat; teringat,
6. tidur, tertidur,
7. terbuat, dibuat,
8. diambil, terambil,
9. dicetak, tercetak,
10. termakan, dimakan,
11. tertulis, ditulis,
12. dibungkus, terbungkus,
13. duduk, terduduk,
14. terminum, diminum, minum,
15. terangkat, diangkat,
16. terlempar, dilemparkan,
17. dibawa, terbawa,
18. terbaca, dibaca,
19. ditukar, tertukar,
20. mengganggu, terganggu,

종합연습문제 2

1. tidak bisa dibeli;
2. tiba-tiba;
3. paling rajin;
4. kondisi/keadaan;
5. tidak sengaja
6. tidak sengaja;
7. tidak bisa dibawa;
8. kondisi;
9. bisa dibaca;
10. kondisi
11. kondisi;
12. paling ting;
13. tiba-tiba bangun;
14. tidak dapat dibawa
15. tidak sengaja jatuh;
16. paling mahal;
17. dapat dilihat;
18. paling rajin
19. tiba-tiba ingat;
20. belum dapat dijual.

Pelajaran 12

연습문제 1

1. lapar, kelaparan;
2. kepanasan, panas;
3. takut, ketakutan;
4. kehausan, haus;
5. dingin, kedinginan;
6. kegemukan, gemuk;
7. kepedasan, pedas;
8. kesakitan;
9. manis;
10. kepahitan;
11. kekecilan/kecil, besar;
12. besar, kecil.
13. kurang, kekurangan;
14. kelebihan, lebih

연습문제 2

1. kehabisan, habis;
2. tinggal, ketinggalan;
3. kehilangan, hilang;
4. tidur, ketiduran;
5. masuk, kemasukan;
6. datang, kedatangan;
7. mati, kematian;
8. menularkan, ketularan;
9. mencopet, kecopetan;
10. kedengaran, mendengar;
11. melihat, kelihatan

연습문제 3

1) banjir, kebanjiran;
2) racun, keracunan;
3) Hujan, kehujanan;
4) siang, kesiangan;
5) kemalaman, malam

종합연습문제 1

1. cepat, kecepatan;
2. jahat; kejahatan;
3. jujur, kejujuran;
4. kaya, kekayaan;
5. mungkin, kemungkinan;
6. perlu, keperluan;
7. salah, kesalahan;
8. berangkat, keberangkatan;
9. datang kedatangan;
10. harus, keharusan;
11. hidup, kehidupan;
12. tidak puas, ketidakpuasan

종합연습문제 2

1. lapar;
2. dingin;
3. kelaparan;
4. kehujanan;
5. kekecilan;
6. habis;
7. kedinginan;
8. panas;
9. kehabisan;
10. kecil;
11. hujan;
12. kepanasan;
13. banjir;
14. takut;
15. kurang;
16. kesakitan;
17. kebanjiran;
18. kebesaran;
19. ketakutan;
20. sakit;
21. kekurangan;
22. ketinggalan;
23. mendengar;
24. datang;
25. meninggalkan;
26. kemasukan;
27. kedengaran;
28. hilang;
29. kelihatan;
30. ketiduran;
31. kematian;
32. kedatangan;
33. kebanjiran;
34. masuk;
35. kemanisan,
36. kehilangan;
37. tertidur/ketiduran;
38. mati;
39. kepedasan;

40. kecopetan;   41. racun;   42. pedas;   43. mencopet,;
44. keracunan;   45. manis;   46. malam;   47. menularkan;
48. menulari;   49. ketularan/tertular;   50. mendapati;
51. kedapatan;   52. kemalaman/bermalam

Pelajaran 13

연습문제

1a. mengenal;   b. berkenalan;   2a. menyalami;   b. bersalaman;
3a. memegang;   b. berpegangan;   4a. menatap;   b. bertatapan;
5a. menabrak;   b. bertabrakan;   6a. menggandeng;   b. bergandengan;
7a. menyentuh;   b. bersentuhan;   8a. menghadap;   b. berhadapan;
9a. mencium;   b. berciuman;   10a. memeluk;   b. berpelukan;
11a. jauh;   b. berjauhan;   12a. dekat;   b. berdekatan;
13a. bertetapan;   b. tepat;   14a. membaik;   b. berbaikan;
15a. berseberangan;   b. seberang;   16a. bersebelahan;   b. sebelah;
17a. musuh;   b. bermusuhan;   18a. berlari;   b. berlarian;
19a. bermunculan;   b. muncul;   20a. jatuh;   b. berjatuhan;
21a. berdatangan;   b. datang;   22a. berguguran;   b. gugur;
23a. melompat;   b. berlompatan;   24a. mengirim;   b. berkiriman;
25a. bersaing;   b bersaingan;   26a. tergantung;   b. bergantungan;
27. berserakan;   28. mengejar; mengejar; berkejaran;
29. berpacaran;   30. menghormati

Pelajaran 14

연습문제 1

1. a. 명령자;　　　　　　　　　　b. 지시받는 사람; 명령 (내용);
2. a. 동반자; 함께 하는 물건;　　　b. (회의 등에) 단순 참여자;
3. a. 연수(회)를 운영하는 사람;　　b. 연수 참여자;
4. a. 표시, 신호, 지시, 가르침;　　b. 안내서, 안내표지, 안내인;
5. a. 과제/업무를 주는 자;　　　　b. 담당자; 과제를 맞은 자;
6. a. 가르치는 사람; b. 배우는 사람;
7. a. 주먹질한 자;　　　　　　　　b. 권투 선수

연습문제 2

1. pembungkus;	2. petugas;	3. Pengemudi;	4. pemutih;
5. pembungkus;	6. pemalu;	7. pemula;	8. pengusaha;
9. pewaris;	10. petunjuk;	11. Petani;	12. Peserta;
13. pemahat;	14. penerjun;	15. Penghitam;	16. Peternak;
17. Peleceh;	18. pelari;	19. pelangsing;	20. pemberani;
21. penenang;	22. pelayar;	23. pesenam;	24. penanda;

Pelajaran 15

연습문제

1. 그 국가의 고위공직자의 살해 시도가 실패된 적이 있다. (행위)
2. 야영은 홍수 안전 지역에서 행해지기를 바란다. (야영하는 일/행위)
3. 최근 신문계(세계)가 점차 들끓고 있다. (일, 사항)
4. 그는 주택 단지에 살고 있다. (장소, 지역)
5. 김대중 대통령은 UN에서 평화상을 받았다. (일, 사항)

Pelajaran 16

연습문제

1. 듣는 기관, 청각기관, 도구
2. 싸움을 끝내는 행위, 중지

3. 태우는, 불 지르는 행위; 만족시키는 행위
4. 정리행위/과정
5. 관찰/주시 성과
6. 버리는 장소
7. 암석화 과정

Pelajaran 17

연습문제 1

1. berbeda,
2. perbedaan,
3. membedakan,
4. pembedaan,
5. membangun,
6. pembangunan,
7. berdagang,
8. perdagangan,
9. berpisah,
10. perpisahan,
11. memisahkan,
12. pemisahan,
13. membuat,
14. pembuatan,
15. berbuat,
16. perbuatan,
17. bertemu,
18. pertemuan,
19. menemukan,
20. penemuan,
21. mengubah,
22. berubah,
23. perubahan,
24. pengubahan,
25. bertambah,
26. menambah,
27. pertambahan,
28. penambahan.
29. berkembang, perkembangan;
31. mengembangkan,
32. mengembangkan/pengembangan,
33. berkumpul,
34. mengumpulkan,
35. berkumpul,
36. pengumpulan,
37. mengganti,
38. penggantian,
39. berganti,
40. pergantian,
41. bergerak,
42. menggerakkan,
43. pergerakan,
44. penggerakan

연습문제 2

1. berubah, mengubah, perubahan, pengubahan
2. berbeda, pembedaan, perbedaan, membedakan
3. pertemuan, penemuan, bertemu, menemukan
4. menambah, pertambahan, penambahan, bertambah
5. mengembangkan, berkembang, pengembangan, perkembangan
6. perpisahan, memisahkan, berpisah, pemisahan
7. berputar, Perputaran, memutar, pemutaran
8. berganti, pergantian, mengganti, penggantian
9. mendidik, pendidikan,
10. membuang, pembuangan

Pelajaran 18

연습문제 1

1. Makanan;
2. Belanjaan;
3. laporan;
4. Pesanan;
5. Kunjungan;
6. Tabungan;
7. Jemputan;
8. bacaan;
9. Jawaban;
10. kiriman;
11. pinjaman;
12. gunjingan;
13. minuman;
14. bayaran;
15. Cucian;
16. sewaan;
17. Krtikan;
18. Keluhan;
19. bungkusan;
20. mainan;
21. undangan;
22. pikiran;
23. kenalan;
24. tulisan;
25. Pakaian;
26. masakan;
27. pilihan;
28. buatan;
29. jaminan;
30. Pukulan.

연습문제 2

1. Tumpahan;
2. pemotong;
3. pemanas;
4. simpanan;
5. penemu;
6. pekerja;
7. pengeluar;
8. karangan;
9. curian;
10. keluhan;
11. pembuat;
12. penyakit;
13. pengukur;
14. cacatan;
15. pembicara;
16. pencuri;
17. Tulisan;
18. periang;
19. Petaekwondo;
20. pencemburu;
21. seribuan;
22. penenekan;
23. bacaan;
24. angkutan;
25. pejalan.

연습문제 3

1. menulis, tulisan;
2. melapor, Laporan;
3. mengirim, kiriman;
4. mengobrol, obrolan;
5. menjawab, jawaban;
6. menjemput, Jemputan;
7. memilih, pilihan;
8. makan, makanan;
9. membaca, bacaan;
10. mengetik, ketikan;
11. menyimpan, simpanan;
12. menonton, tontonan;
13. diundang, undangan;
14. mengeluh, keluhan;
15. menjamin, jaminan;
16. Makanan, makan;
17. berbelanja, belanjaan;
18. kenal, kenalan;
19. mengingat, Ingatan;
20. membantu, bantuan.

연습문제 4

1. minum, minuman, peminum;
2. belajar, pengajar, ajaran;
3. dicuci, mencuci, bantuan, pembantu;
4. penulis, menulis, tulisan;
5. tabungan, penabung, menabung;
6. mengirim, pengirim, kiriman;
7. menonton, menonton, penonton, tontonan;
8. pilih, pilihan;
9. pesanan, pemesan;
10. menjawab, jawaban, penjawab.

연습문제 5

1. pesanan
2. kemungkinan
3. kesalahan
4. tabungan
5. pilihan
6. bacaan
7. jawaban
8. Kiriman
9. kesibukan
10. bayaran
11. Kesulitan
12. kesabaran / kebaikan
13. Keamanan
14. sewaan
15. kelahiran

Pelajaran 19

연습문제 1

1. berkata;
2. berkata-kata;
3. berpindah;
4. berpindah-pindah
5. berbisik;
6. berbisik-bisik;
7. berputar;
8. berputar-putar
9. berjanji;
10. berjanji-janji;
11. berganti;
12. berganti-ganti
13. berteriak;
14. berteriak-teriak;
15. bersinar;
16. bersinar-sinar;
17. berkaca-kaca;
18. berdebar-debar;
19. bersusah-susah; bersenang-senang;
20. berdua;
21. berdua-dua;
22. bermain;
23. bermain-main;
24. berlari;
25. berlari-lari;
26. berjalan-jalan;
27. berjalan;
28. bergoyang;
29. bergoyang-goyang

연습문제 2

1. bermain;
2. berteriak-teriak;
3. berdekatan;
4. berdesakan;
5. bersantai.
6. bertigaan;
7. berdua;
8. berserakan;
9. berpakaian;
10. berpindah-pindah;
11. berkata;
12. bersebelahaan
13. berjatuhan;
14. bermunculan;
15. berpukul-pukulan;
16. bergantian
17. bersaing;
18. berkaca-kaca

Pelajaran 20

연습문제

1. tinggi; Tingginya;
2. besar; Besarnya;
3. kecil; Kecilnya;
4. sulit; Sulitnya;
5. mudah; Mudahnya;
6. berat; Beratnya;
7. ringan; Ringannya;
8. sempit; Sempitnya;
9. lemah; Lemahnya;
10. mahal; Mahalnya;
11. rusak; Rusaknya;
12. putus; Putusnya;
13. habis; Habis;
14. hilang; Hilangnya;
15. jatuh; Jatuhnya;
16. pecah; Pecahnya;
17. patah; patahnya;
18. turun; turunnya;
19. meningkat; tingkatnya;
20. besar; besarnya;
21. hasil; hasilnya;
22. bertambah; tambahnya;
23. kurang; Kurangnya;
24. berubah; ubahnya;
25. tutup; Tutupnya;
26. terbuka; bukanya;
27. Ditutupnya;
28. dibukanya;
29. dihapusnya;
30. dipindahkannya;
31. dipakainya;
32. Diubahnya;
33. ditemukan;
34. Dihentikannya;
35. Dinaikkannya;
36. dipotongnya;
37. Berhasilnya;
38. Bertambahnya;
39. Berkurangnya;
40. berubahnya; hapus;
41. hapusnya;
42. pindah; pindahnya;
43. dipakai;
43. pakainya;
44. berubah; Ubahnya;
45. ditemukan; ditemukannya;
46. dihentikan;
47. naik;
48. dipotong;
49. dipilih;
50. menurunnya;
51. meningkatnya;
52. membesarnya;
53. mengecilnya;
54. Mengeringnya;
55. memanasnya;
56. jauh; Jauhnya;
57. dekat; Dekatnya;
58. padat; Padatnya;
59. naik; Naiknya;
60. turun; Turunnya

Pelajaran 21

연습문제 1

1. sekelas;
2. seramai;
3. Sekampungnya;
4. semalam;
5. selambat-lambatnya;
6. sebaiknya;
7. serumah;
8. secepat;
9. sekantor;
10. se-Asia;
11. serumah;
12. serumah;
13. serumah;
14. selekas-lekasnya;
15. semalam;
16. semalam;
17. se-Indonesia;
18. sepulang;
19. semaumu;
20. setinggi-tingginya;
21. setinggi;
22. semahal;
23. semahal-mahal;
24. semau;
25. semau

연습문제 2

cantik; sebenarnya; Benar; sejujurnya;
Benar, sebaiknya; setipis; tipis (-nya);
putih; merah; sewajarnya; norak;
seputih-putihnya; semerah-merahnya